EL BARCO DE VAPOR

El misterio de los hijos de Lúa

Fina Casalderrey

Premio O Barco de Vapor
Premio Nacional de Literatura Infantil y Juvenil 1996

sm

Edición especial
para el Grupo Correo Prensa Española

Octava edición: marzo 2002

Dirección editorial: María Jesús Gil Iglesias
Colección dirigida por Marinella Terzi
Traducción del gallego: María Jesús Fernández
Cubierta e ilustraciones: Manuel Ubía

Título original: *O misterio dos fillos de Lúa*

Joaquín Turina, 39 - 28044 Madrid

ISBN: 84-348-8925-0
Depósito legal: M-26366-2002
Impreso en España / *Printed in Spain*
Rotapapel, SL - Móstoles (Madrid)

A Marcos y a Rocío.
Y a Lúa (que también es de casa).

Índice

1	*¿Quiénes somos Blanca y yo?*	7
2	*¿Cómo empieza el misterio de los hijos de Lúa?*	12
3	*Lúa parió en el armario de mamá*	16
4	*El bautizo de Lúa*	20
5	*Quin encontró a Lúa junto al cementerio*	23
6	*Lúa fue a orinar al jardín*	28
7	*La trampa de la cola rápida*	30
8	*Juntando pecados*	37
9	*No se puede faltar a un juramento*	40
10	*A punto de resolver el misterio*	43
11	*La bota del calvo*	47
12	*Una gata carnívora*	53
13	*La tía Sita se quedó con Lúa*	56
14	*Vacaciones lejos de Lúa*	61
15	*La cámara de vídeo y el baño*	65
16	*Lúa desapareció tres días*	68
17	*El disgusto más gordo*	74
18	*La vela no se apagó*	77

19 *Pesadillas* 83
20 *¡Lúa movió el rabo!* 88
21 *Regalos y mimos de Lúa* 91
22 *Lúa es un toro* 96
23 *Lúa estaba en celo* 99
24 *La cama de Lúa* 102
25 *La promesa* 105
26 *Lúa no cabe en la mesilla de noche* 108
27 *Mamá conocía el misterio* 111
28 *Caso resuelto* 116

1 *¿Quiénes somos Blanca y yo?*

¡HOLA! Soy David, aunque todos me llaman Djukic porque me gusta tirar penaltis, pero casi nunca meto gol.

Vivo en un sitio estupendo. Se llama parroquia, porque tenemos un cura y una iglesia muy grande. Desde mi habitación puedo ver toda la iglesia. Cuando hay fiesta, también veo los cohetes que explotan en el cielo.

Las casas no son muy altas, pero tenemos muchos árboles que son altísimos. Cuando el sol tarda mucho tiempo en irse del cielo, que eso se llama verano, nuestros árboles se llenan de fruta.

Todos los días pasa un señor vendiendo pescado. También hay dos tiendas en las que compramos muchas cosas, pero para comprar medicinas hay que ir a la farmacia.

El colegio es muy grande. Está en otra parroquia que también tiene cura e iglesia.

Mi casa está cerca del río, pero no puedo ir allí yo solo. No me dejan porque si me caigo me ahogo. Eso fue lo que le pasó a una señora, que me lo ha dicho mamá.

Antes vivíamos en la ciudad, en una casa que se llama segundo A. Allí no teníamos huerta, ni un cobertizo al lado de la casa con el suelo de cemento, ni cuadras detrás del cobertizo, ni bodega, ni un sótano muy grande, ni dos escaleras para entrar por dentro o por fuera, ni gallinas, ¡ni gata! Teníamos cocina, baño, sala y dormitorios, sí; pero eso también lo tenemos aquí, en la parte de arriba.

Además, esta casa tiene tejado. La de la ciudad, que también es nuestra, tiene encima las casas de otra gente. También se llaman pisos.

Cumplí ocho años en diciembre y me sé en qué día y en qué año nací. Muchos amigos míos ni siquiera saben el año en que nacieron. Son un poco burros. Yo ya soy bastante mayor. De todos modos, todavía no tengo barba ni bigote. Tengo el pelo castaño y un poco largo, así no se me enfrían las orejas aunque haga frío. No me gustan los pantalones blancos. Se les nota mucho las manchas y entonces mamá me riñe.

Hace unos días papá me llevó al médico y le dijo que mi altura era perfecta para mi peso, o sea, que de alto soy perfecto. Si me subo a la banqueta de la cocina, soy igualito que papá.

Me parece que soy guapo porque muchas niñas de mi colegio me han preguntado si quería ser su novio. Yo he elegido solamente a Blanca. Y no ha sido porque Blanca sea mi vecina. Es que Blanca es la más guapa de la clase. Blanca tiene los ojos bonitos, el pelo largo y bonito, la cara bonita, la voz bonita, y también es la más lista de todas. Sabe trepar por los muros sin que se le vean las bragas. Blanca casi siempre lleva pantalones. Bueno, cuando vamos a una fiesta, algunas veces lleva vestido o falda, y así también está muy guapa.

Blanca no tiene piojos como Raquel. Un día la profe nos echó a todos una colonia en la cabeza, y de la de Raquel empezaron a salir muchos bichitos, que eran piojos. Y todos nos escapamos porque no queríamos ser unos piojosos como ella. Después la profe se puso como una loca, igualito que mamá cuando se le sale la leche del cazo. Salió corriendo y volvió a entrar con una toalla o algo así. Se la envolvió a Raquel alrededor de la cabeza, que parecía una encantadora de serpientes. Luego, sin saber cómo, en medio del lío, desaparecieron las dos. Nosotros pensábamos que se las habían comido los piojos, pero no, porque la profe volvió enseguida y Raquel también volvió unos días después.

A mí Raquel no me gusta porque además de piojosa es acusica, y Blanca casi no acusa. A mí no me acusa nunca. Cumplió nueve años en enero.

Blanca es mi novia porque tenemos un secreto a medias, es un misterio que tenemos que resolver nosotros solos. Queremos practicar. De mayores vamos a ser policías de los que descubren misterios dificilísimos.

Nuestro misterio es muy misterioso porque ni siquiera mis padres, que son mucho más viejos que yo, claro, lo han sabido resolver. Cuando les pregunto por el caso no tienen ni idea, no saben qué decir. Se ponen a mirarse el uno al otro como si fueran tontos, y sólo responden:

—Ni idea. No sabemos. Es un misterio.

Si les pregunto a mis tíos o a los padres de Blanca, me dicen:

—Pregúntaselo a tus padres.

Pero yo no les vuelvo a preguntar nada porque ya sé la respuesta:

—Ni idea. No sabemos. Es un misterio.

Por eso voy a ser policía-detective, y Blanca también. Para descubrir lo que los mayores no son capaces de descubrir. Ya tenemos preparado un hilo de pescar, que se llama sedal, y una bolsa con serrín de la gata para conseguir las huellas del ladrón.

2 *¿Cómo empieza el misterio de los hijos de Lúa?*

POR tercera vez mi gata... ¡Bueno!, también es de Blanca. Hemos jurado entre dos piedras que era de los dos. Así Blanca me ayuda a descubrir el misterio.

Bueno, pues por tercera vez nuestra gata está preñada, que eso quiere decir que va a tener gatitos. Yo lo sé, y no sólo porque lo digan mis padres, lo sé porque tiene la barriga muy gorda, muy gorda. Casi le llega al suelo, y salta muy poco. Antes jugaba mucho y ahora se pasa la mayor parte del día tumbada, igual que la abuela; pero la abuela no va a tener gatitos.

Estos días no quiere que la acaricien ni nada. Si le toco la tripa, se escapa. Antes de tener los gatitos dentro, no era así. Le podías hacer todas las cosquillas que te diera la gana, ¡hasta por la barriga! Algunas veces se quedaba dormida así, y roncaba. Roncaba igual que papá cuando se tumba en el tresillo del salón después de comer. Papá se pone panza arriba y Lúa se pone para abajo, escondiendo la tripa. Tiene miedo de quedarse dormida y que le desaparezcan los gatitos que tiene dentro. ¡Y a mí no me extraña!

Las otras dos veces que Lúa parió, pasó una cosa muy rara. El primer día, allí tenía los gatitos. Estaban en la huerta, encima de una butaca vieja que había arrimada a la pared del cobertizo. Eran tan pequeñitos que parecían pelotas de tenis, pero no lo eran. Las pelotas son más redondas y menos peludas, y además no respiran.

Yo conozco bien las pelotas de tenis porque algunas veces voy a jugar con papá y con Quin, que es mi hermano. Jugar al tenis es, por ejemplo, lanzar la pelota para el otro lado con una cosa que se llama raqueta de tenis. En el medio hay una red, que no es de las de ir a pescar. Y, desde el otro lado, otro jugador tiene que hacer lo mismo. Pueden jugar tres, porque yo también juego con ellos muchas veces. A mí me toca recoger las pelotas que se les caen a papá y a Quin, y dárselas cuando me las piden. Es un trabajo muy importante. Tengo que estar atento y correr mucho. Por eso papá dice que yo hago lo más difícil. Algunas veces me dejan tirar a mí, pero la raqueta pesa mucho y me canso.

Ya sé por dónde salen los gatitos, porque me lo ha explicado mamá. Me ha dicho que salen por un agujerito que tiene la gata cerca del rabo. Lo que todavía no sé es por dónde entran.

Mamá dice que aparecen en la barriga cuando la gata se junta con un gato que le gusta. Entonces, si se arriman mucho, si se hacen novios y se quieren muchísimo, puede pasar eso. Me ha dicho que también pasa así con las personas, pero eso es mentira. Yo quiero mucho a Blanca, y hasta le he dado un beso donde hay que darlos para ser novios, en la boca, y Blanca no va a tener gatitos ni nada.

Creo que hay que hacer el amor, que es dormir juntos como en las películas. Como papá y mamá no vale, porque ellos son de la familia; y además no pueden estar enamorados porque ya están casados. No son novios.

Yo estaba deseando coger en brazos un gatito de aquéllos. También quería darle uno a Blanca. Aquella primera vez que nacieron los hijos de Lúa, estaba más contento que cuando los Reyes me trajeron la noria de agua. Total, en mi casa no me dejan jugar con agua, y eso que tenemos mucha en todos los grifos.

Mis padres no estaban tan contentos, sobre todo mamá. Hablaba sola, y eso es muy raro. Decía:

—Yo no tengo ninguna necesidad de pasar estos tragos por culpa del lío de la gata.

No sé a qué tragos se referiría. Yo no vi que bebiera nada. Y tampoco me enteré de cuál era el lío de la gata.

A la mañana siguiente me levanté muy temprano, incluso antes de que el vendedor de pescado empezara a lanzar sus bocinazos, que es cuando las madres o los padres van corriendo al coche de ese señor con una bandeja en la mano. Bajé para ver cómo seguían los gatitos ¡Y no estaban!

—¡Mamáaa! –grité muy sorprendido–. ¡No están los gatitos!

Vino mi madre, pero no corría ni nada, y dijo toda tranquila:

—No sé qué ha podido pasar, pero han desaparecido, así que olvidaos de ellos.

Blanca y yo buscamos, buscamos... ¡Hasta buscamos dentro del horno! A lo mejor se habían metido allí porque tenían frío, pero no. Blanca decía que cuando son tan pequeñitos no andan. Así que ahí está una parte del misterio.

Lúa maullaba y estaba muy triste. Ella también los buscaba. Me pedía que la siguiera para ayudarla a encontrarlos y yo la seguí. Hasta miramos encima de las ruedas del coche de mamá, porque allí le gustaba esconderse a ella cuando era pequeña. Lúa olfateaba por todas partes y yo también, pero los gatitos no aparecieron.

3 Lúa parió en el armario de mamá

La segunda vez que Lúa parió, lo hizo en el armario de mamá. Ella fue a guardar una camisa, y se encontró a Lúa y a los gatitos que estaban encima de las sábanas bonitas. Eran sábanas de esas que solamente usamos cuando estamos enfermos, que tienen unas cosas con agujeros que se llaman puntillas. A lo mejor es porque así nos curamos antes. No sé. Mamá se enfadó muchísimo, pero... ¿Adónde iba a ir la pobre Lúa? En la cama no la deja estar, y no hay sanatorios para gatas. Después, cuando se lo contaba a otras personas, decía:

—Abrí la puerta del armario y me encontré aquel pastel encima de las sábanas.

No sé por qué tuvo que contar mentiras. Encima de las sábanas no había ningún pastel; era Lúa, que había parido allí para estar más tranquila.

Mamá se puso hecha una fiera. Vació el armario y lo limpió todo, como hace con el bolso cuando no encuentra las llaves del coche. Después le dijo a papá:

—Está David por el medio... Los voy a meter en una caja y les busco un sitio en el sótano. Mañana Dios dirá. Sólo faltaba que presencie un espectáculo semejante.

No era cierto que yo estuviera en el medio. En el medio de su habitación está la cama. Yo me había quedado junto a la puerta.

Metió los gatitos en una caja grande con una mantita. Eran cinco. Al día siguiente, cuando me levanté, fui corriendo a ver dónde los había dejado, y ya no estaban.

¡Ah! Esta vez aparecieron; estaban en el cobertizo, encima de la paja. Y yo me pregunto: si no andaban, ¿cómo pudieron subir hasta allí? Blanca me dijo que debió de ser la gata, que quiso esconderlos porque la vez anterior le habían desaparecido. Ella, Blanca, ha visto alguna vez cómo las madres gatas enganchan con su boca a los pequeños por la piel del cuello y los llevan a donde quieren. Yo eso no lo he visto nunca porque todavía hace poco tiempo que vivimos en la aldea. Donde yo vivía antes no hay gatos, que yo nunca los he visto paseando con sus dueños. Allí sólo hay perros, y perras y eso.

El misterio más misterioso, y mis padres lo saben porque ellos también vieron a los gatitos encima de la paja; el misterio más misterioso fue que desaparecieron de allí para siempre. Pero esta vez nosotros no vamos a permitir que vuelvan a desaparecer tan misteriosamente.

Vamos a buscarle un buen sitio en el sótano para que pueda parir. Y cuando nos enteremos de que ya han nacido los gatitos, montamos guardia, y por si los ladrones vinieran de noche, mientras estamos durmiendo, vamos a echar serrín cerca del escondite para que se queden allí sus huellas, que pueden tener los pies grandes o pequeños, o puede ser otra clase de huellas. Ya hemos estado haciendo prácticas estos días para aprender a distinguirlas todas. También estamos inventando trampas para que el ladrón de gatos no pueda huir. Esto ya nos ha traído algunos problemas muy gordos, que no son como los de restar y eso; son otra cosa, pero también se llaman problemas o líos.

El hilo de pescar, que no se ve, lo vamos a ir atravesando, de un lado a otro, así por varios sitios. De esa manera, el ladrón tropieza y se cae. Además, vamos a atar unas latas vacías de comida para gatos en las puntas del sedal, que hacen mucho ruido. Y si se rompe suenan, y entonces bajamos y capturamos al ladrón. Aún no hemos decidido si echaremos por el suelo un poco de cola de pegar. Mi padre tiene mucha en el sótano.

La abuela ya no rige, que quiere decir que parece que está un poco loca. Por eso algunas veces vive con nosotros y otras veces vive con la tía. No sabe vivir sola. Cuando oyó lo del misterio de la desaparición de los gatitos, dijo:

—No hay ningún misterio. Fue tu padre el que los enterró en la huerta.

Yo me asusté muchísimo y fui corriendo a contárselo a mamá.

—¡Mamáaa! Papá enterró los gatitos en la huerta.

Mamá también se asustó porque apareció escopetada, que eso no es llevar una escopeta, es correr muchísimo.

—¿Cómo? ¿Quién te ha dicho esa barbaridad?

—Ha sido la abuela –le dije yo.

—¿Y tú no sabes que la abuela ya no rige?

Mamá me dio la razón. Dijo que la abuela estaba un poco mal de la cabeza, que no había que hacerle caso cuando dijera esas cosas. El misterio existe y tenemos que descubrirlo.

4 *El bautizo de Lúa*

Mi gata, ¡bueno!, nuestra gata se llama Lúa. Primero íbamos a llamarla Nube Gris porque tiene el pelo muy suave y muy gris. Así como las nubes cuando tapan el azul que hay en el cielo, y las cosas brillan menos, y mamá gana más dinero. A Blanca no le gustaba demasiado.

—A mí me parece un nombre muy largo –dijo ella.

—Entonces, ¿cómo le ponemos? –pregunté yo.

—Podemos llamarla Lúa. En gallego es el nombre de la luna, que sale por las noches; a los gatos les gusta pasear cuando hay luna.

Y le quedó este nombre para siempre. Para que nadie se lo pueda cambiar, Blanca fue corriendo a su casa y trajo el catecismo de la primera comunión. A mí todavía no me lo han comprado.

—David, entre los dos tenemos que rezar la oración más difícil de todas.

—¿Y cuál es? –pregunté.

—Es ésta, que se llama credo. ¿No ves cuántos renglones tiene?

Escogimos ésa porque era larguísima y así la gata quedaba mejor bautizada. No creo yo que haya mucha gente que la pueda decir entera sin mirar el catecismo.

A mí el nombre de Lúa también me pareció bien y le dije a Blanca:

—Sí. Lúa está mejor, porque Nube Gris parece nombre de indio. Lúa no es un indio porque es muy mansita. No lanza flechas ni nada de eso. Y además no tiene plumas de colores en la cabeza, sino orejas y pelos.

También tiene unas uñas muy largas que saca cuando quiere, pero no araña a nadie. Por ejemplo, cuando entran perros en nuestra huerta empieza a levantar el lomo y a estirar las patas y a soplar, a soplar, así hasta que los perros huyen escopetados, con el rabo entre las piernas. ¡Les gana a los perros! Cuando se pone así parece que está jugando a saltar a pídola, como los chavales mayores del cole, pero no. Al perro que le tiene más rabia es a uno que se llama Rambo, y que viene mucho por nuestra huerta. Mamá no es capaz de echarlo fuera, pero llega Lúa, se pone así de esa manera, y el Rambo se marcha zumbando.

Lúa se afila muchas veces las uñas en las cepas de la viña, en el felpudo de la escalera y, algunas veces, en mis pantalones. Las tiene tan puntiagudas que nunca podría tocar el piano ni escribir a máquina, porque dice mi profesora que para esas cosas hay que tener las uñas cortas. A mí nunca me araña ni nada. Solamente me lame los dedos. La lengua de Lúa no es muy suave, rasca. Papá dice que si no me lavo los dientes, también a mí se me puede poner la lengua así.

Al principio, cuando la llamábamos, no nos hacía caso porque a lo mejor estaba sorda. Pero ahora ya no lo está, y si le dices «¡Lúa!», enseguida mira hacia ti. Y te contesta si le haces preguntas. Tú dices: «¿Te vienes fuera?». Y ella hace: «Miau», que quiere decir que sí.

Otras veces le dices: «¿Quieres agua?». Y dice: «Miau», que también quiere decir que no, porque no bebe.

5 Quin encontró a Lúa junto al cementerio

El día en que Lúa entró a formar parte de la familia, que hace ya muchísimo tiempo, ¡más de un año! (a lo mejor dos), mi hermano Joaquín, al que también llamamos Quin, y que es muy mayor, muy mayor (ya tiene quince años), apareció con ella en casa. ¡La que se armó!

Quin la había encontrado junto al cementerio. La trajo a casa y la dejó en el sótano, que es grandísimo. Estaba metida dentro de una caja de zapatos que tenía muchos agujeros.

Eran para que pudiera respirar aire, que es lo que respiran los gatos. Los peces respiran agua de mar, de río o de cacharro de cristal. Y no pueden estar en una caja con agujeros porque se les escaparía toda el agua.

Quin dejó la caja arrimada a una cosa muy grande, que es una viga que hay allí para que no se caiga la parte de arriba de la casa, y se marchó a montar en bici. De mayor va a ser como Induráin, así van juntos a las carreras.

Aquel día mamá llegó del colegio. Había ido allí

a buscarme a mí porque ella ya no va a la escuela a aprender. Los mayores ya no aprenden nada. Cuando entramos, vio aquella caja, levantó la tapa y gritó. Dijo:

—¡Ay, Dios bendito! ¿Qué es esto?

Se llevó un sustazo gordísimo. Yo no sabía nada y también me asusté, pero poco. Soy muy valiente. ¡Ni siquiera lloro cuando me pinchan en el culo para ponerme inyecciones, ni cuando se me cae un diente! Ya sé que si se te cae uno, después te sale otro, y ya está.

—¿Qué hace aquí este gato? –preguntó mamá.

—¡Qué guay! –dije yo.

Dentro de la caja había un papel escrito que casi no se entendía, y eso que yo sé leer muy bien. Soy el que lee más rápido de todos los de mi clase. El papel lo había escrito Quin, que de mayor va a ser médico. Dice papá que tiene letra de médico. Mamá se puso a leer el papel en voz alta:

Mamá, no te enfades. Este
gato estaba abandonado y
lo he recogido. Si no lo quieres, lo llevo
de vuelta al sitio donde lo he encontrado,
que es cerca del cementerio.

Al acabar de leer, dijo mamá:

—¡Este Joaquín no tiene ni pizca de sentido!

Pero como eso lo dice siempre, yo no le hice caso. Me acerqué al gatito y lo cogí.

ZAPATOS

—¡Suéltalo, cochino! -gritó mamá-. ¿No sabes que puede tener la tiña y si te contagia se te caerá todo el pelo?

Yo me asusté un poco y enseguida dejé al gatito en el suelo. No me quiero quedar calvo como el señor Indalecio, el de la Casa Vieja. No tiene ni un pelo. Cuando pasamos por allí, por donde él vive, siempre nos echamos a correr porque el señor Indalecio da mucho miedo. Algunas veces pide limosna con un saco. Allí guarda la comida y las cosas que le dan. Quin dice que también mete niños pequeños. ¡Menos mal que yo ya no soy pequeño y casi no le tengo miedo! Ahora hasta le hablo un poco. Le digo:

—Buenos días, señor Indalecio.

Otras veces, como es por la tarde, le tengo que decir de otra manera. Por ejemplo:

—¡Hola, señor Indalecio!

Y a mí no me hace daño. Yo no corro ni nada.

Algunas veces vamos a espiarlo con los chavales mayores y escuchamos que dice tonterías así:

—¡Pequeños fuera! ¡Pequeños fuera!

Entonces nos reímos y nos marchamos, porque sí que es verdad que nos entra un poco de miedo.

Cuando dejé al gatito en el suelo, empezó a temblar y a maullar. A mamá debió darle pena porque lo cogió en brazos. Yo entonces tuve miedo de que a ella se le fuera a caer el pelo, pero no se le cayó. Mamá tiene el pelo muy bonito, por eso es muy guapa. Casi, ¡vaya!, casi tan guapa como Blanca. Después lo dejó muy suavemente en la caja de los agujeros y dijo:

—Voy a traerle un poco de leche en un plato.

Yo me quedé montando guardia y haciéndole cosquillas en el cuello. Ya entonces le gustaban. Enseguida volvió mamá con un plato de las tacitas de café. Estaba lleno de leche.

—¿Me dejas que le dé yo de comer? –le pedí.

—Bueno, cógelo, pero no te lo acerques, y después lávate las manos.

Mamá siempre está con la manía de lavarse. Yo lo cogí y le acerqué el hocico al plato.

El gato empezó a lamer, a lamer, hasta que acabó la leche. Y después se relamió toda la boca, porque tiene una lengua larguísima. Algunas veces se lame la patita y después se la pasa por la cara y por las orejas como si le picaran. Otras veces se lame por unos sitios que no quiero decir porque son un poco cochinos. Cuando veo que hace eso le grito: «¡Lúa!».

Ella me mira, pero sigue lamiéndose. Y no es que no me haya oído, porque mueve las orejas y las dirige como si fueran radares.

6 *Lúa fue a orinar al jardín*

CUANDO Quin volvió de montar en bici, mamá le dijo unas cosas... Eran pecados muy gordos.

—¡Haz el favor de llevarte de aquí esa gata ahora mismo, gandul!

—Vale, vale, no te enfades, que la vuelvo a dejar donde la he encontrado. Y, para que te enteres, las gatas son más cazadoras que los gatos.

—¡No quiero animales en casa! ¡Y menos una gata! Ya tengo bastante con las gallinas, y sobre todo con vosotros.

Yo no sabía que mamá pensaba que nosotros éramos animales. Tampoco sabía que Lúa no era un gato, que era una gata. Mientras ellos discutían quise comprobarlo: cogí al gatito, digo a la gata, y le levanté el rabo. ¡Claro que era una gata! No tenía pito ni nada. Mamá y Quin seguían discutiendo.

—¡Y además es gata! –repetía mamá gritando como una histérica, que quiere decir que gritaba muchísimo.

—¿Y qué más da? –protestaba Quin.

—Eso, ¿qué más da, mamá? –le ayudé yo.

—¡Las gatas se empreñan y llenan la casa de gatos! Además, nosotros estamos mucho tiempo fuera de casa. ¿Quién le va a dar de comer, eh? ¿Quién va a limpiar lo que manche? –gritó otra vez histérica.

Mientras discutían, la gatita se escapó a la huerta. No corría porque todavía no sabía. Se puso a escarbar en el jardín que tenemos delante de la puerta. Meó allí, lo tapó con las patas de delante, que parecen manos, y después se puso a olisquear. Tapó otro poco y empezó a maullar sin parar. Quin, que había estado observando lo que hacía, le dijo a mamá:

—¿Te das cuenta de lo limpia que es, que no orina en el suelo del sótano?

Mamá seguía muy enfadada y no hacía caso de lo que le decía.

—¡Vete de mi vista! Ahora ya es muy tarde, pero mañana la vuelves a dejar donde la has encontrado. ¿Entendido?

Quin no contestó, y yo también me callé. Entonces él me dijo por lo bajo:

—Ya verás como le va a dar pena abandonarla.

Dejamos a la gatita en el sótano y nosotros subimos porque ya iba a ser la hora de la cena, que es cuando está a punto de llegar mi padre del trabajo. La oíamos maullar sin parar, y a mí me daba mucha pena.

7 La trampa de la cola rápida

LLEGÓ papá, y mamá le contó todo, quejándose de Quin. O sea, que volvió a repetir las mismas cosas de aquella manera que hace que te zumben los oídos.

No sé lo que diría papá, porque mi hermano se levantó de la mesa y yo también me fui con él. El caso es que la gata se quedó con nosotros para siempre.

Creo que ahora mamá también la quiere mucho, porque si nosotros nos olvidamos de darle su comida, ella siempre se acuerda. Y eso que al tratar de resolver el misterio, en una de las investigaciones pasó algo terrible.

Mi padre tiene un taller de carpintería. Allí hacen muebles y cosas así. En el sótano de nuestra casa guarda mucha cola. Blanca tuvo una idea.

—Ahora que ya falta poco para que nazcan los gatitos, tenemos que estar preparados –dijo.

—¿Por dónde empezamos? Yo también estoy deseando descubrir el misterio.

—Vamos a echar cola por el suelo del sótano, bajamos las persianas y así, con todo oscuro, esperamos.

—Pero pueden encender la luz –razoné yo.

—Pues rompemos las bombillas.

Y así lo hicimos. No fue nada fácil porque, como no teníamos escalera, tuvimos que romperlas a balonazos. Pasó por allí mamá y nos preguntó:

—¿Qué estáis haciendo, niños?

Nosotros no somos niños, que somos un niño y una niña. Pero mamá siempre dice así.

—Estamos jugando al balón –le contesté yo.

—¿Y no sería mejor que jugarais en la huerta?

—Ya vamos ahora –respondí.

Cuando ella se marchó, seguimos. Y seguimos hasta que le acertamos a las cuatro bombillas. Tuvimos suerte de que mamá se hubiera ido con el taxi y no fuera a volver hasta la noche.

Cuando empezó a hacerse de noche, que es cuando todavía se ve, pero el sol ya ha desaparecido por detrás de la iglesia, echamos la cola, que ponía «cola rápida». Bajamos las persianas y subimos a ver la tele. Había un anuncio de un diente que lloraba, pero eso es mentira. A mí se me cayó un diente y estuve escuchando, sin hablar, mucho, muchísimo tiempo, y no lloraba. Blanca dice que en la tele cuentan muchas mentiras. Mi profesora está de acuerdo, y también dice que los libros no mienten tanto.

Ya se había hecho de noche y mis padres seguían sin volver. Blanca llamó por teléfono a su casa para que la dejaran quedarse conmigo hasta que ellos viniesen, y la dejaron.

Nos pusimos a jugar a *Conecta 4*, y nos olvidamos de la trampa y del ladrón. Yo me enfadé un poco con Blanca porque, cuando estaba a punto de colocar seguidas las cuatro fichas rojas, ella le dio a algo, y cayeron todas a la alfombra.

De repente oímos un ruido y paramos de jugar. Abrimos la puerta de las escaleras de dentro y escuchamos pasos en el sótano.

—¿Qué hacemos? –me preguntó Blanca.

—Toma –le di una escoba–. Yo llevo el rodillo de amasar. Si notamos algo sospechoso, ¡zas!, le atizamos hasta que se rinda.

—Vale, no hagas ruido para que crea que no hay nadie –murmuró.

Escuchábamos hablar a alguien, pero no entendíamos nada. Luego ya no se sentían pasos. Alguien estaba revolviendo por allí. Después oímos un ruido fuerte, ¡plaf!, como si algo se cerrara. Con la emoción de capturar, al fin, al ladrón de gatos, yo no era capaz de respirar bien. Mi corazón hacía bun-bun, bun-bun. Hasta lo sentía en las orejas. De pronto, un grito tremendo. ¡Era la señal!

—¡Corre, Blanca! ¡Ya lo tenemos!

—Rápido, hay que atizarle fuerte.

Corrimos hacia el lugar de donde venían los gritos, que era al lado del congelador, más o menos, y le atizamos al intruso con todas nuestras fuerzas. Le pegamos hasta que le oímos llorar.

—¿Te rindes, ladrón de gatos? –grité yo con fuerza.

—Pon las manos en la cabeza –dijo Blanca.

—¿Qué pasa aquí? ¿Os habéis vuelto locos? –preguntó mamá.

¡Era mamá! No era un ladrón ni nada de eso. Entonces, como no había luz, mamá dijo histérica:

—Id al cajón del horno y traed una linterna. Rápido, que no sé lo que he pisado en el suelo y no me puedo mover.

Nosotros quisimos obedecer corriendo, pero, de estar parados, nuestros pies también se habían pegado al suelo. Y tuvimos que esperar allí los tres, quietos, en la oscuridad. Mamá lloraba porque le dolían los golpes. Yo me agarré a ella y también lloré. Blanca lloraba también. Llorábamos los tres.

Así estuvimos mucho tiempo, por lo menos cinco minutos o más. Entonces oímos que llegaba un coche. Por el ruido del motor supimos que era el de papá. Mamá se puso otra vez histérica.

—¡Pepe! ¡Pepe! No pases, por favor. No entres en el sótano.

—¿Qué pasa? –papá estaba asustado–. ¿Por qué no se encienden las luces?

—¡No pases, Pepe! –gritaba mamá.

—¡Papá, ven! ¡Sálvanos! –grité yo.

—¡Pepe, sácanos de aquí! –suplicó Blanca.

—Se ha debido de romper un bote de cola –explicaba mamá–, y tenemos los zapatos inmovilizados. No me descalzo porque tengo miedo de que se me peguen los pies.

—¡Dios santo! –dijo papá–. Esperad, que voy a coger unos periódicos que tengo en el coche y extiendo las hojas por el suelo.

—Enciende también las luces del coche.

—Sí, sí. Vosotros no os mováis.

Papá puso muchos papeles por el suelo y vino a rescatarnos. A Blanca y a mí nos llevó en brazos, descalzos. Mamá vino andando detrás, también descalza. A ella no la podía llevar papá en brazos porque éramos tres, y él sólo tiene dos brazos.

Un día, en la escuela, la profesora nos preguntó para qué sirve el periódico. Yo le dije que para extender las hojas por el suelo y que los pies no se queden pegados a la cola, y se enfadó. Yo creo que no debería haberse enfadado. Le dije la verdad.

Después de salir del peligro, mis padres empezaron a hablar entre ellos. Blanca y yo solamente escuchábamos. Habíamos prometido guardar el secreto.

—¿Y esos moratones que tienes en la cara y en las piernas? –preguntó papá mientras miraba a mamá.

—Han sido David y Blanca, pero ellos no tienen la culpa. Creían que era alguien que había entrado a robar.

—Pero... ¿cómo ha sucedido?

—Yo he llegado a casa andando, ya sabes que hoy he dejado el coche en el taller, y me ha extrañado que no se encendieran las luces. Notaba el suelo húmedo, pegajoso, pero no se me ha ocurrido pensar que pudiera ser la cola. He ido al congelador a coger comida para mañana y, claro, mientras buscaba me he quedado un rato parada; cuando he querido moverme ya no he podido. Entonces me he asustado y he gritado, y ha sido cuando han aparecido estos dos a porrazo limpio. Me han sacudido como a una estera, pero, pobres, ellos no sabían que era yo.

Papá cogió una linterna del coche y entró en el sótano pisando por encima de los papeles de periódico.

—¡Madre mía! Esto está inundado. Si llego a pillar al que lo ha hecho, lo mato. ¡Ay! ¿Y estos cristales? ¡Dios mío! El suelo está lleno de cristales. ¡Son de las bombillas!

Esa noche se armó un follón. Vinieron la madre y el padre de Blanca y los otros vecinos, todos menos el señor Indalecio, el calvo.

—¿Quién habrá sido?

—¡Es que hay gente sin conciencia!

Nosotros juramos que no se lo contaríamos a

nadie. Al día siguiente todos los mayores estuvieron ayudando a rascar la cola de las baldosas, que ya estaba muy seca. Le tuvieron que echar aguarrás, que es un agua que ras, que rasca y quita el pegamento, por eso se llama así.

Y nosotros nunca más pudimos volver a usar la cola para atrapar al ladrón de gatos.

Nos hemos tenido que conformar con el serrín y con el sedal.

Tendremos que seguir investigando hasta dar con el verdadero culpable.

8 *Juntando pecados*

PAPÁ es listísimo. Y no sólo porque supo convencer a mamá para que Lúa se quedara con nosotros y no tuviera que volver al cementerio, que allí seguramente le tendría miedo a los muertos, o porque nos haya salvado de la «cola rápida». Es que papá sabe hacer que los gatos pequeños no lloren, y muchas cosas más. Él y mi profe son las personas más listas del mundo. Mamá también, pero cuando grita parece histérica, que también quiere decir loca.

Papá inventó una cosa para que Lúa, que entonces aún no se llamaba nada, no maullase por la noche, que eso es llorar. Envolvió el reloj despertador de su mesilla de noche en una manta pequeña. Era de mi cuna. ¡Yo hace muchísimo tiempo que no duermo en cuna! Llevó aquel envoltorio al sótano y lo puso en la caja, junto a la gata. Ella se arrimó allí enseguida y se puso a dormir.

—Mamá, ¿por qué quiere dormir con un reloj? –pregunté con curiosidad.

—Porque ese tic-tac le hace creer que está con su mamá. Ella piensa que escucha su corazón que late –me explicó mamá, que también es listísima.

Y se reía un poco porque aún no sabía que cuando Lúa tuviera sus gatitos, alguien se los iba a robar. Si lo hubiera sabido, estaría triste y preocupada como lo estamos ahora Blanca y yo.

Mis padres tienen la manía de obligarme a que me lave los dientes antes de acostarme. Pues yo, aquella noche, haciendo como que me los iba a lavar, bajé muy despacio las escaleras sin ningún miedo y encendí la luz.

Me acerqué a la caja donde Lúa estaba durmiendo con el reloj y me puse a mirarla.

Luego, como ya había visto que a mamá no se le caía el pelo por haberla cogido, la saqué de allí y la tuve en brazos. ¡Qué bonita! ¡Preciosa! Tenía rayas grises y negras como si fuera un tigre enano o, mejor aún, una cebra en miniatura, que quiere decir una cebra muy pequeñita. Desde las orejas hasta el rabo tenía unas pocas rayas negras atravesadas que le hacían juego con las patitas, que también eran negras. Ahora sigue siendo igual de bonita, pero las rayas son más grandes.

Al principio estaba quieta sobre mis piernas, pero después empezó a mover la cabeza hasta que me enganchó un botón del pijama con la boca y se puso a mamar de él. Entonces me dio un poco de asco y la dejé enseguida y me fui a dormir.

—David, ¿ya te has lavado los dientes? –preguntó mi mamá.

—Sí –le dije yo.

Por ahora me salva que puedo hacer todos los pecados que quiera. Si no hago pecados, no tendré nada para confesarme cuando haga la primera comunión. Y si no le digo pecados, el cura se va a creer que soy tonto, o que no se los digo porque no sé. Por eso ahora me dedico a decir mentiras y cosas de ésas.

A veces Blanca y yo hacemos pecados así: mierda, mierda, mierda. Otras veces yo cierro los ojos y le pido a Blanca que me dé un tortazo. Después los cierra Blanca y le pego yo. Le pego flojo para que no tiemble como tiemblo yo cuando me pega ella.

De esta manera ya tenemos tres pecados seguros para cuando nos confesemos. Hemos dicho mentiras y palabras feas, y les hemos pegado a los amigos. Ahora ya sólo me falta no ir a un recado cuando mamá o papá me manden, y pelearme mucho con Quin. Así ya tengo los otros dos pecados que hay que tener, y que son: «He desobedecido a mis padres y me he peleado con mi hermano».

Blanca tiene un problema muy grave: no tiene hermanos y le sale un pecado menos. Yo le he dicho que le puede pegar a un primo, porque a lo mejor también vale.

9 *No se puede faltar a un juramento*

AL día siguiente de llegar la gata a nuestra casa, papá fue a buscar un saco de serrín y llenó con él una palangana vieja. La puso al lado de Lúa, que seguía sin llamarse nada. Y ella fue allí a orinar. ¡Era listísima! Fue a mear allí, y eso que nadie se lo había enseñado.

Le costaba mucho subirse a la palangana. Se enganchaba con las patas de delante y caía dentro dando una voltereta. Se ponía toda perdida de serrín, y entonces se sacudía y hacía un hueco escarbando con las patas. Ponía allí el culo y meaba o hacía caca. Después lo olía y enterraba todo. Alrededor de la palangana, en las baldosas, también caía serrín y la tonta de Lúa se ponía a rascar el suelo para juntarlo, pero no podía.

Cuando haga la primera comunión tengo que decir ano. Decir culo es pecado, igual que braga, teta y esas cosas. ¡Bueno!, si son tetas de gata no importa, porque cuando digo que le he visto las tetas a Lúa no pasa nada, pero si digo que le he visto las tetas a una mujer en la tele, mamá me riñe, aunque después se echa a reír.

Cuando era pequeñita, todos nos quedábamos mirando cómo meaba. De día iba a la huerta, pero de noche, como cerrábamos la puerta del sótano, su váter era la palangana roja. Ahora sigue yendo allí por las noches, pero es ella la que elige el serrín que le gusta. Un día papá le trajo uno diferente, más claro, que al tocarlo parecía harina. Lo tenía en su carpintería.

Y Lúa no quiso mear en él.

Ese primer día que la gata vivió con nosotros, ya se lo conté a mi novia Blanca en cuanto llegué a la escuela. Por la tarde ella vino a mi casa. Fue entonces cuando la bautizamos con el nombre de Lúa. ¿A que está guay?

Para ayudarme a escoger el nombre, Blanca quiso que Lúa también fuera suya. Yo les pregunté a Quin y a mamá si podía ser, y dijeron que sí. Entonces tuvimos que hacer un juramento. Blanca cogió una piedra y yo otra. Escupimos en ellas y las juntamos por la saliva. Las enterramos en la huerta, y ahora ya no podemos dar marcha atrás. Sería un pecado muy gordo, y tenemos miedo de que ésos no sirvan para lo de la primera comunión. No se puede faltar a un juramento.

Un día Quin faltó a un juramento y después las orejas le crecieron tanto que parecía un elefante. Estuvo así hasta que se fue a confesar; entonces le empezaron a encoger otra vez.

Esto le pasó cuando yo era muy pequeño y todavía no tenía memoria. Lo sé porque me lo ha contado un montón de veces.

10 A punto de resolver el misterio

CON el serrín que Lúa no quiso para su váter, hicimos otro experimento. Estuvimos a punto de resolver el misterio.

Como el ladrón siempre aparecía cuando ya habían nacido los hijos de Lúa, para hacer la prueba, Blanca y yo empezamos a decirle a todo el mundo que Lúa ya había tenido los gatitos. Pasábamos por delante de la gente y decía yo:

—Lúa ha parido veinte gatitos muy lindos.

—¡No digas tantos! –me dijo por lo bajo Blanca–. Así nadie te va a creer.

—¿Y cuántos crees que debo decir? –le pregunté también en voz baja.

—Seis, más o menos.

—¡Lúa ya ha parido, y tiene más o menos seis gatitos que son chulísimos!

Cuando yo estaba diciendo esto, pasábamos por delante de la Casa Vieja. El señor Indalecio estaba en la ventana, y al vernos dijo:

—¡Fuera! ¡Pequeños fuera!

A mí me dio un poco de miedo otra vez, y echamos a correr. Fuimos por toda la aldea repitiendo lo mismo:

—¡Lúa ha tenido seis gatitos muy lindos!

—Sí, y están todos en el cobertizo, dentro de un cajón –me ayudó Blanca.

Esto pasó hace muy pocos días. Cogimos un cubo lleno de ese serrín fino y clarito que no le gusta a Lúa y lo echamos a la entrada del cobertizo, que tiene el suelo de cemento. Lo hicimos cuando ya se estaba haciendo de noche para que nadie de la casa fuera por allí a nada.

A la mañana siguiente me levanté más temprano que papá, que mamá y que Quin. Corrí al cobertizo. Me puse muy nervioso porque en el serrín había huellas de pies, de zapatos grandes.

Fui a desayunar para que mis padres no sospechasen nada, y menos mal que se marcharon muy rápido a trabajar. Yo me fui enseguida a buscar a Blanca. Nosotros no teníamos que ir a la escuela porque cuando te dan las notas, que son unas cosas que ponen: PA, PA, PA..., después ya no hay escuela.

Llamé y llamé hasta que conseguí que saliera a la puerta.

—¡El ladrón ya ha picado! ¡Ha estado allí! ¡Ven a ver sus huellas!

—David, ¿estás seguro de que tus padres no salieron de casa después de que echamos el serrín?

—¡Segurísimo! Estamos a punto de descubrir el misterio.

—Ahora sólo nos falta investigar para saber a quién pertenecen esas huellas.

—Sí, claro, pero... ¿cómo?

—Pues... probando todos los zapatos que podamos quitarles a los vecinos, sin que se den cuenta de la investigación. ¡Somos detectives!

—¡Es cierto! Fue ayer cuando dimos la noticia, y sólo a los de la aldea. Tiene que ser alguien de aquí. Algún vecino o alguna vecina. Nadie más nos oyó decir que habían nacido los gatos.

—¡Ay, Davi! Ya me estoy emocionando. Ser detective es guay.

El primer zapato que pudimos coger fue uno del señor cura, que lo tenía delante de su puerta. Lo llevamos a donde estaban las huellas, lo pusimos encima con mucho cuidado y... ¡era exacto!

—¡Andá! ¡El ladrón ha sido el señor cura! –dije yo muy sorprendido.

—¿No crees que será mejor probar con otros por si acaso? –dijo Blanca, desconfiada.

Entonces cogimos un zapato de Quin y otro del padre de Blanca. Esto lo tuvimos fácil porque eran de casa. ¡También coincidían con las huellas!

—¡A ver si estas huellas van a servir para todos! –comenté.

Blanca puso allí su pie y...

—¡No! A mí me sobra huella.

Todavía seguimos probando con los zapatos de varios vecinos, y hubo muchos que coincidían y muchos que no. Fue un trabajo muy grande. Aunque todas las puertas estaban abiertas, teníamos que entrar y salir sin que nos vieran.

—Los sospechosos son el cura, mi padre, tu hermano, Marcial el del bar y Manolito el Americano. Ya los hemos probado todos –dijo Blanca echando cuentas.

—¡Queda uno! –dije yo porque me había dado cuenta en ese momento.

—¿Quién?

—¡El señor Indalecio!

Era verdad, pero... ¿quién se atrevía a entrar en la casa del calvo, del hombre del saco, para cogerle un zapato?

11 *La bota del calvo*

—DAVI, ¿no te has fijado en que a todos los zapatos que hemos probado les sobraba un poquito de huella?

—No sé... ¿Tú crees que el ladrón no es uno de ellos?

—¡David! ¡Ya está! Ha tenido que ser el señor Indalecio. ¡Seguro!

—¿Por qué?

—¿No sabes que siempre dice «Pequeños fuera, pequeños fuera»?

—¿Y qué?

—¿Y qué? Pues que seguro que ha sido él el que robó los gatitos. ¡Eran pequeños!

—Pero, Blanca, ¿y para qué los querría el calvo?

—Para venderlos en otro sitio o, como les tiene tanta rabia, para abandonarlos en el monte. También puede que los tenga secuestrados.

—Tenemos que cogerle un zapato como sea.

—¿Y si no tiene? Él sólo usa botas.

—Pues una bota. ¡Qué más da!

Los días de mercado, el señor Indalecio sale temprano de su casa porque va a pedir limosna y algunas veces también vende cosas. Aquel día era martes y había mercado. Mamá y papá se habían ido a trabajar y Quin andaba por ahí con su bicicleta. Era la una porque la aguja pequeña del reloj estaba en la una en punto, que es así como se dice.

Blanca y yo nos acercamos a la Casa Vieja. ¡La puerta no estaba cerrada! Muy despacio, porque allí todo estaba oscuro y nosotros no sabíamos dónde estaban las cosas esas de encender la luz, fuimos avanzando. Olía muy raro, igual que cuando llegamos al piso de la ciudad y mamá quiere airearlo, que eso es meterle aire por las ventanas, y que entra solo.

—Aquí no hay gatos -dijo Blanca.

—Pero nosotros hemos venido a buscar una bota, ¿no?

Íbamos muy arrimados a la pared para no tropezar con nada. Aquella oscuridad daba un poco de miedo, a pesar de que nosotros somos muy valientes. En esto oímos abrir la puerta. ¡Era el calvo! No conocíamos aquel sitio y no sabíamos dónde meternos. Blanca me cogió de la mano y me dio un tirón, pero yo no podía seguirla. La chaqueta se me había quedado enganchada en algo. El señor Indalecio pasó junto a nosotros, de espaldas. Resoplaba como los dragones en sus cuevas.

—Pequeños fuera, pequeños fuera –iba hablando solo.

Nos acurrucamos y estuvimos así, quietos, mucho tiempo. Él se quitó la gabardina, que siempre lleva gabardina, y se tumbó en el suelo lanzando un suspiro muy fuerte.

—¡Aaaayyy!

Después de estar allí quietos mucho tiempo, la habitación, que no tenía puerta ni nada, se empezó a poner más clara. Ya podíamos ver mejor. El calvo no se había tumbado en el suelo. Se había echado sobre un colchón que tenía allí. Nosotros no hablábamos nada, yo ni siquiera respiraba, sólo movía un poco el pecho para dentro y para fuera, pero sin hacer ruido. Él sí que empezó a hacer ruido. Roncaba mucho más que papá cuando se queda dormido en el tresillo, y más que Lúa también. A lo mejor le tendrían que comprar una almohada mágica, de las de no roncar, que salen en la tele.

—¡David, vámonos! Está dormido.

—Fíjate, tiene las botas a su lado.

—Tenemos que llevarnos una como sea.

Fue Blanca la que me desenganchó de aquella cosa que había en la pared, y también fue ella la que cogió la bota. Teníamos un poco de miedo. Bueno, la verdad es que teníamos mucho miedo. No podíamos echar a correr. Si el calvo despertaba antes de que nosotros hubiéramos salido de allí, podía pasar cualquier cosa, desde secuestrarnos y meternos en el saco, hasta darnos una paliza por haber entrado en su casa sin permiso. Abrimos la puerta muy poco a poco y salimos superdisparados, que quiere decir tan deprisa como las balas de un cañón de las guerras.

Juramos que nunca más volveríamos a entrar en aquella casa. La bota no se la llevaríamos allí de vuelta, como habíamos hecho con los otros. Como mucho, se la dejaríamos delante de la puerta. Además, olía fatal. Igual que un queso que trajo mi madre de un viaje, que se llama queso de oveja porque no se hace con leche de vaca ni de cabra.

Estábamos seguros de que aquella bota encajaría perfectamente en las huellas.

Llegamos al cobertizo y no había rastro del serrín. Mamá lo había barrido todo. Así que habían desaparecido las huellas y nosotros nos quedamos con la duda de si serían las de la bota del calvo, de Indalecio, el de la Casa Vieja. Mamá ya había vuelto de su trabajo. Ella va menos tiempo que papá.

Cuando estábamos a punto de descubrir el misterio, de desenmascarar al culpable, nos quedamos sin la prueba principal, la prueba de las huellas en el serrín. Tuvimos que devolver la bota. La dejamos delante de la casa. Él no sospechó nada porque, como muchas veces está borracho, creyó que se le había caído por el camino.

Lo único que conseguimos aquel día fue que nos riñeran por llegar tarde a comer, y por ensuciar la entrada del cobertizo con el serrín.

Tenemos que seguir investigando, aunque lo más seguro es que haya sido el calvo. Cuando me pongo a pensar mucho, también tengo otra duda. La abuela, que no rige bien, dijo que los había enterrado papá. ¿Cómo no se me ocurriría comprobar su huella? ¡Bah! ¡Qué locura! ¿Cómo los iba a enterrar mi padre? Mi padre no hace esas cosas. ¡La abuela está completamente loca! Tenemos que continuar hasta aclarar el misterio más misterioso.

12 *Una gata carnívora*

CUANDO trajimos a Lúa, los primeros días le daba de comer Quin. Sólo tomaba leche en aquel plato viejo que tenía las flores borradas.

Un día estaba yo comiendo un bocadillo de filete. No era de chorizo ni de chocolate, aunque a mí me gustan más, pero a mamá se le metió en la cabeza que tenía que merendar aquello. A mí no me gustaba nada y se lo di a lamer a la gata. ¡Y lo lamió!

Blanca estaba conmigo y, como ella sabe mucho mucho de gatas, me dijo:

—Seguro que si se lo deshacemos bien con los dedos, se lo come todo.

—Pues venga –le contesté yo.

Y desmigamos toda la carne y se la fuimos echando en el platito. Lúa no paraba de comer. En ese momento apareció mamá, y yo me puse a comer el pan para que no sospechase nada. No me gusta que me riña. Hace que me zumben los oídos.

—Cómetelo todo, ¿eh? –me dijo.

—Sí, ya me lo estoy comiendo –le contesté.

Cuando se marchó, nos echamos a reír y seguimos observando cómo comía Lúa. Estaba muy simpática. Todavía ahora come de la misma manera. Coge un trocito de comida con sus dientes y pone la cabeza de lado para masticar. Hace igual que la abuela cuando come cosas que están un poco duras.

Los dientes de la abuela no son como los nuestros. Ella se los quita todos juntos y no le sangran ni le duelen. Se los quita por la noche y los mete en un vaso. A lo mejor es para ver si le nacen otros.

A mí, cuando se me cae un diente, después me nace otro, pero a ella no; por eso tiene que volver a ponerse los suyos. Yo creo que no le nacen porque ya es muy vieja, muy vieja. Tiene unos pelos en el bigote que parecen los bigotes de Lúa. Tiene más de cincuenta años, o puede que más de ochenta. Se lo tengo que preguntar cuando vuelva a estar con nosotros.

Mi abuela es tan vieja que ya ha pasado de abuela a bisabuela. Cuando son muy mayores muy mayores, ya hay que llamarlos bisabuelos o bisabuelas. A mí me gusta más abuela y así es como la llamo, pero tengo otra abuela menos vieja que vive con la tía Sita.

Cuando le deshicimos el filete a Lúa para que se lo comiera, nos manchamos un poco las manos de grasa, de esa que brilla. Nos las limpiamos en un pantalón de papá que estaba puesto a secar en el tendedero. Si me las limpio en la ropa que llevo puesta me pueden reñir, y así, nada de nada. Desde aquel día, Lúa come comida y también leche.

—Esta gata es carnívora –decían en mi casa porque a Lúa le gusta más la carne que el pescado.

A mí tampoco me gusta el pescado crudo. ¡Qué asco!

13 La tía Sita se quedó con Lúa

Un día nos fuimos de vacaciones porque a la abuela le tocaba estar con la tía Luisa, que vive mucho más lejos. Por lo menos vive a veinte kilómetros, o a treinta, o más. No sé. Cuando vamos a su casa, yo siempre me mareo en el coche y tenemos que parar, y eso que mamá sabe conducir muy bien.

Para llegar a casa de la tía Luisa se tarda más de una hora, a lo mejor dos o más.

Antes de irnos de vacaciones, mamá se puso otra vez histérica pensando quién se iba a quedar con Lúa. Volvió a decir las mismas cosas del primer día y a reñir otra vez a Quin por haberla traído a casa, y eso que ya había pasado mucho tiempo. Yo creo que era porque no quería dejarla sola; por eso pregunté si podía venir con nosotros.

—¿Eres tonto o qué te pasa? –dijo papá–. ¿Qué estás diciendo? ¡Nadie lleva gatas a un hotel!

Finalmente, mamá habló con mi tía Sita, que vive bastante cerca, porque ésta es otra tía. Me parece que no hay kilómetros ni nada.

Tía Sita dijo que mientras estuviéramos fuera, iría ella todos los días a dar de comer a la gata. Pero Lúa debía de sentirse muy triste, y seguro que se acordaba de mí y de Blanca, que también estaba fuera aquellos días. Entonces, tres días después de habernos marchado nosotros, la gata también desapareció. Se escapó y se perdió.

La tía habló por teléfono con mamá.

—Yo no tengo por qué vivir estos tragos. No tengo necesidad de envenenarme la sangre por culpa de un gato.

Cuando mamá nos contó lo que había dicho la tía, yo me puse muy triste. Además pienso que los mayores dicen muchas tonterías. Parece que la tía Sita también tiene manía con lo de los tragos, y dijo vivir en vez de beber. Además, Lúa no es un gato, porque no tiene pito y ha tenido gatitos. Tampoco tiene veneno ni nada de eso.

Por la noche mamá llamó a la tía. ¡Lúa ya había aparecido! Estaba en casa de una vecina.

Al principio la tía estaba enfadada con nosotros por haberle dejado la gata. Decía que para ella era un trabajo. Pero, como apareció, después ya no pasó nada. Se la llevó al bajo de su casa y la tuvo allí hasta que nosotros volvimos de las vacaciones.

Lo que pasó fue que a Lúa no le gustaba estar sola. Seguramente se aburría mucho; por eso se marchó para ver si me encontraba. Pero era imposible, porque estábamos muy lejos. Se llama el sur de España. Allí hay que hablar inglés para que te entiendan. Lo dijo papá, que estaba muy enfadado.

Además, aunque Lúa hubiese querido subirse a un tren o a un avión, no la habrían dejado. Eso se llama racismo y está muy mal.

Mi profe dijo un día que el racismo es cuando hay unos abusones que no dejan tener los mismos derechos, que quiere decir hacer las mismas cosas, a todo el mundo. Y Lúa también está en el mundo y no le hace daño a nadie. Lo único que hace es asustar a Rambo y echarlo fuera. Pero la culpa no es de ella. Es que Rambo es un perro de caza y es muy malo, y siempre quiere hacerle daño. Creo que sus dueños, que son los de la farmacia, se van a ir a vivir a una ciudad. ¡Mejor! Ya hace días que no los veo. A lo mejor ya se han ido. ¡Ojalá!

Además, dijo papá que los de la farmacia son unos caciques. Seguramente por eso tienen un perro de caza. A mí no me gusta nada que cacen a los animales, porque sufren y yo no quiero.

Antes cazaba moscas y les quitaba las alas porque no sabía que sufrían. Yo no tengo alas y no estoy triste por eso. Claro que si las tuviera, sería más guay. Podría ir a buscar a la abuela sin marearme ni nada.

Mi profe me dijo que todas las personas, y todos los animales, lo que tienen es porque les hace falta. Y yo ya no he vuelto a arrancarles más alas a las moscas.

Mi abuela, la que no es tan vieja, la de casa de la tía Sita, tiene un grano muy grande al lado de la nariz, que se llama verruga. Y digo yo: ¿para qué le servirá?

Quin es idiota. Me dijo que a lo mejor a los hijos de Lúa los robaron para hacer una granja de gatos, y después utilizarlos de comida en los restaurantes. ¡Quin es imbécil! No sé por qué dice esas cosas que dan tanto asco. Dijo que los gatos saben igual que los conejos y que se pueden comer.

Le conté a mamá lo que me había dicho Quin y ella le riñó. ¡Le estuvo bien empleado! Pero después yo soñé cosas horribles; prefiero no acordarme de ellas nunca más.

14 Vacaciones lejos de Lúa

A las doce de la noche regresamos de las vacaciones. A mí no me gustaron nada porque estaba sin Blanca, y sin Lúa.

Papá no me dejó llevarla porque es una gata, y mamá no me dejó invitar a Blanca a venir con nosotros porque, aunque no es una gata, costaba dinero.

En las vacaciones me aburrí muchísimo. Papá y mamá siempre estaban riñendo. Discutían porque no encontraban hotel en un sitio que les gustase a los dos. A mí no me preguntaban.

—Yo prefiero que esté junto al mar. Quiero ir a la playa y bañarme. Las aguas aquí son más calientes –decía mamá.

—Pues yo para ir a la playa no salgo de Galicia, que allí tenemos las mejores. Aquí hay demasiada gente –protestaba papá.

Quin también protestaba por todo. Juró que no volvería a salir de vacaciones con nosotros, y eso que era la primera vez.

Para salir de vacaciones muchas veces, dijo papá que hay que ser rico y tener tiempo.

Yo de mayor voy a ser jubilado, que eso es cobrar sin trabajar, y así ya tengo tiempo.

—¡Esto es un coñazo! Lo pasaría mucho mejor yendo en bici con mis amigos. ¡Qué aburrimiento! Si pudiera me marchaba a casa ahora mismo –refunfuñaba Quin.

Decir esas cosas es refunfuñar. Por eso papá le gritó:

—¡No refunfuñes!

Yo prefiero que también venga Quin porque no quiero dormir solo en la habitación de un hotel. ¿Quién me tiraría las almohadas? Además, en los hoteles, por la noche, se oyen muchas voces desconocidas, y todas las puertas son iguales. ¿Y si entra en mi habitación alguien a quien yo no conozco?

Yo únicamente quiero dormir solo en mi casa. Y cuando sea mayor, como me tendré que ir a vivir a otro sitio, que me lo ha dicho Blanca, entonces me haré un piso encima de nuestra casa y a la hora de desayunar, de comer y eso, bajaré con mamá porque ella sabe cocinar mucho mejor que yo.

Yo también sé algo de cocina. Cuando tengo hambre abro la nevera, cojo cosas, saco pan de la bolsa y me hago bocadillos. Además, un día papá me dejó abrir una lata de mejillones, y supe abrirla.

En las vacaciones, a mí sólo me hacían caso cuando pedía un helado, y para comer helados no necesito irme de vacaciones. En el bar de Marcial venden helados de cucurucho muy ricos, que se llaman *apolos.*

Papá quería descansar y mamá quería cansarse; quería andar y conocer sitios e ir a la playa. Algunas veces papá se quedaba en la habitación del hotel durmiendo o leyendo libros muy difíciles, muy gordos y sin dibujos ni nada.

Esos días, mamá nos llevaba a ver iglesias, que era muy aburrido. Teníamos que hablar bajito, aunque no estaban en misa ni nada de eso. Y las cosas que vendían en la puerta eran muy feas. Menos mal que una iglesia tenía palomas. Compramos maíz y se lo echamos. Eran mansas y venían a comer en mi mano. Yo entonces me volví a acordar de Lúa y me puse triste. Quería regresar a casa. Seguro que Blanca ya habría vuelto de visitar a sus primos. ¿Se habría acordado de darle a uno de ellos un tortazo para hacer el pecado de la primera comunión?

Una de las cosas que más me fastidiaron de las vacaciones fue que cuando íbamos a comer a algún sitio, a mí no me daban la carta. Esa carta no era de las que dicen «Querido amigo» u «Hola, Ramón». Era para escoger la comida que querías. Y a mí nunca me dejaban pedir.

—Tú tranquilo, que mamá ya sabe lo que quieres –me dijo Quin en una ocasión.

Ese día lloré de rabia. Ya estaba harto de que para mí nunca pidieran nada, de que siempre me sirvieran la comida de sus platos. Los de ellos llegaban a la mesa llenos, y el mío, vacío. Me echaban la comida allí como si fuera el saco del señor Indalecio.

¡El señor Indalecio! ¿Qué les habría hecho a nuestros gatitos?

Al regresar del viaje, que era muy de noche porque ya habían salido todas las estrellas y la luna (la otra *lúa*), convencí a mis padres para que fuéramos a buscar a nuestra Lúa. Ya sabíamos que estaba en casa de la tía porque nos lo había dicho ella por teléfono.

El bajo de la casa de la tía está abierto y a lo mejor allí tenía miedo. En cuanto la vi la cogí en brazos, y ya empezó a lamerme y a querer subirse por mi cuello. A mí eso me hace muchas cosquillas y me tengo que reír.

Esa noche durmió en nuestra casa igual que nosotros, y todos estábamos más contentos. Cuando la dejé en el suelo, salió corriendo a buscar su sitio de dormir. ¡Se acordaba!

15 *La cámara de vídeo y el baño*

HACE poco que papá compró una cámara de vídeo. ¡Bueno!, poco no, hace bastante. Fue antes de las vacaciones. Y Quin, que ya sabe manejarla, grabó a Lúa de muchas maneras.

Por ejemplo, la grabó un día que la bañamos por la mañana. Era verano y hacía mucho calor. Fue cuando cogimos el champú de papá, que es diferente del nuestro porque papá es alérgico. Eso quiere decir que si se lava con nuestro jabón de ducha se pone lleno de ronchas. Se parece a mí cuando tuve el sarampión, y se le hincha la cara como si tuviera paperas. Quin las tuvo, y se le puso la cara como si se hubiera metido en la boca una tableta entera de chocolate.

Como teníamos miedo de que a Lúa le pasara lo mismo, la lavamos con el de papá, que dice: *suave y neutro.*

Llamé a Blanca para que viniera a ayudarme, por si se escapaba o algo. Hicimos como papá cuando lava los platos con el detergente líquido (que quiere decir que es como el agua). En un barreño pusimos agua templada con el champú, y en otro, agua templada sola.

Quin empezó a grabar y yo acaricié a Lúa suavecito, suavecito. Primero le metí las patas en el agua y no se escapó. Creo que le gustaba. Como estaba quieta, me puse a lavarla por todas partes menos por los ojos. A mí también me pican si me entra jabón en ellos. Después la metí en el agua limpia, y entonces quería escaparse, pero la agarré por el rabo y no pudo.

—Blanca, acércame esa toalla de la playa que está ahí puesta a secar.

—¿Y tu madre te deja?

—Pues claro. Después la volvemos a colocar en el tendedero y ya está.

Entre los dos la secamos muy bien. Se le pusieron los pelos disparados. Y debió de ser por eso por lo que Lúa también salió disparada en cuanto la soltamos. Pero enseguida volvió.

Cuando me tumbo en la hierba, ella viene corriendo a mi lado y me muerde el pelo. Yo la dejo hasta que me tira fuerte o me hace cosquillas.

El agua con champú la tiramos debajo de la viña. Parecía chocolate chocolate. La del otro barreño también la tiramos, pero no era chocolate, era café con leche.

Después los dos nos peleábamos por coger a Lúa en brazos porque olía de maravilla, no como la casa del calvo. Pequeños fuera, pequeños fuera... ¡Pobres gatitos! ¿Dónde los habría metido?

El panoli de Quin puso en casa el vídeo del baño de Lúa. Mamá lo vio y me pescó secándola con la toalla de la playa. Nos riñó mucho. Otra vez se puso histérica.

—Los gatos ya se lavan solos. No necesitan de vuestras valentías.

Pues si somos valientes, que es verdad, no sé por qué nos gritó tanto. Y será cierto que la gata se lava sola, pero el agua quedó... ¡puag!

La verdad, es cierto que Lúa siempre se está lamiendo la pata. Lame, lame y después se la pasa por la cara. También se lame el resto del cuerpo. A veces se pone en cada postura más rara..., parece que está haciendo yoga, que eso es hacer nudos con el cuerpo.

16 Lúa desapareció tres días

UNA vez, papá fue a cerrar el portalón del sótano y Lúa no estaba. La llamó, pero no vino.

—La gata no aparece, de modo que se queda a dormir fuera; así espabila –dijo papá cuando subió.

—No te preocupes, que mañana por la mañana ya estará como un clavo en la puerta pidiendo de comer –contestó mamá.

No sé por qué siempre tiene que decir alguna tontería. Yo nunca he visto un clavo pidiendo comida a la puerta de una casa.

Por la mañana me levanté y, antes de desayunar, fui a ver si Lúa ya había vuelto, pero nada. ¡Tres días estuvo sin aparecer!

Se lo tuve que contar a Blanca. La gata también es suya porque hicimos aquel juramento.

Me ayudó a buscarla por todos los rincones. No estaba en el gallinero.

—¿Miramos en la cuadra pequeña? –propuso Blanca.

—No sé... No creo que se haya metido allí –dije yo.

La cuadra pequeña está detrás del cobertizo. Se entra en ella por otra más grande. Allí no tenemos ningún animal ni guardamos ninguna cosa. No hay ventanas ni luz, y da bastante miedo. Como yo soy muy valiente, no le dije a Blanca que tenía miedo y entramos.

—¡Aaaaah! –gritamos los dos al mismo tiempo.

Un monstruo se había enredado en nuestras cabezas. Era muy pegajoso porque, al querer apartarlo con las manos, también se nos quedaban pegajosas.

—¡Vaya susto! –dijo Blanca–. ¡Cuántas telas de araña hay aquí! ¡Hasta se te pegan a la cabeza y a las manos!

Yo respiré más tranquilo y le contesté:

—No tengas miedo, Blanca, que sólo son telas de araña.

Llamamos a Lúa, pero tampoco estaba allí. Decidimos buscar en todas las habitaciones de la casa, y nada. La seguimos llamando mientras golpeábamos con un tenedor en su plato, que es de porcelana. Eso es una cosa que no es plástico, ni es como el platito viejo que ya se le había roto. Así es como la avisamos para que venga a comer, y siempre viene corriendo y maullando. ¡Pues nada! No apareció.

—Es raro –dijo papá–, porque las gatas no

suelen irse muy lejos de la casa ni de los alrededores.

—Sí que es extraño –comentó mamá–. ¿La habrá atropellado un coche?

Yo no quería escucharlos porque me ponían muy nervioso.

Como ya habían pasado tres días, que es mucho, Blanca y yo cogimos el catecismo de la primera comunión y rezamos muchas oraciones para que Lúa apareciera.

La tía Sita, la que vive más cerca porque no hay kilómetros hasta su casa, vino a ver a mamá y a preguntarle la receta de la tarta de queso. Iba a tener invitados. Mamá se la dijo, y también le dio huevos porque hay que echárselos a la tarta.

—Tía –aproveché yo para decirle–, hace tres días que no sabemos nada de Lúa.

—¿Habéis mirado bien por todas partes?

—Sí –le contesté muy triste.

—¿Por todas, por todas? Pues qué raro, ¿no?

—Déjame en paz, que estos chicos ya me tienen obsesionada –dijo mamá.

Obsesionada también quiere decir histérica. Mamá entonces empezó a decir cosas sin sentido:

—Si yo te contara, Sita... Estos chicos, con el lío de la gata, han conseguido que tenga alucinaciones; hasta oigo ruidos y cosas así. Ya estoy harta de los disgustos que me da ese animal. Ni siquiera en estos días que tengo libres puedo descansar.

—¡Mujer, no será para tanto! –le contestó la tía Sita.

—¿Que no? Verás lo que te cuento. Esta mañana, voy a coger el coche para ir a la tienda a comprar leche y esas cosas; pues no hago más que sentarme y empiezo a oír maullidos.

—¡A ver si está allí la gata!

—¡Ahora va a resultar que yo soy tonta o que estoy ciega! En el coche no hay nada, pero en cuanto me siento en él y cierro la puerta, oigo maullidos.

—¡Caramba! ¡A lo mejor estás embrujada!

Embrujada es cuando te pone histérica una bruja, o algo así. Yo me asusté y le hice señas a Blanca para que viniera conmigo al coche. Nos acercamos muy despacio, sin hacer ruido, y no oímos nada.

—¿Entramos? –propuso Blanca.

—¡Venga! –dije yo.

Abrimos la puerta del coche, nos metimos dentro y cerramos con fuerza. Allí no había ningún gato. De repente empezamos a oír unos maullidos y salimos corriendo.

—¡Mamá! ¡Tía Sita! ¡En el coche se oyen maullidos!

Mamá y la tía bajaron corriendo. La tía acercó mucho la oreja y también escuchó maullar.

—¡Virgen Santísima!

Levantó a toda prisa el capó del coche y de allí salió Lúa dando un salto, que parecía una pelota.

—¡Mira dónde se había metido! –dijo mamá.

—¡Pobre animal! –completó la tía.

Lúa había estado tres días metida en el motor del coche. Menos mal que en ese tiempo mamá no hizo ningún viaje.

—Lúa, bonita, ven, ven.

La llamamos y se acercó a nosotros. Primero le dimos algo de comer, pero no lo quiso. Le llenamos una taza con agua y la bebió toda. Bebió, bebió, y después me lamió. No estaba enfadada con nosotros, y eso que había estado tres días sin comer.

La suerte de que apareciera Lúa se la debo a mi tía Sita, que aquel día vino a nuestra casa para que mamá le enseñase a hacer la tarta de queso. Cuando se marchó, mi madre dijo que a lo que había venido era a por huevos.

17 El disgusto más gordo

AQUÉL fue un susto grande, pero el más gordo más gordo, el más grande de todos, todavía no lo he contado.

Quin y yo nos habíamos quedado solos en casa. Solos pero solos de verdad. Ni siquiera estaba la abuela. Nos habían dejado la comida preparada, y mi hermano sólo tenía que calentarla. Yo también sé hacerlo, pero no me dejan encender el fuego. Mis padres se habían ido muy temprano a no sé dónde.

Nosotros desayunamos y nos pusimos a hacer nuestras camas, que nos lo había mandado mamá. No barrimos ni nada porque Quin dijo que así ya estaba todo bien.

Bajamos a la huerta. Hacía tanto frío que dolía al respirar. Nos pusimos a jugar a encestar. Quin metía muchas pelotas por el agujero del palomar porque es más alto, pero yo juego mejor.

Vino Blanca, que siempre está conmigo porque es mi novia, y me preguntó:

—¿Dónde está Lúa?

—¿Lúa? –dije–. No sé. No la he visto.

Dejamos que Quin siguiera jugando solo; total, es un tramposo. Entramos en el sótano. Lúa estaba acostada en su sitio de dormir. Levantamos la persiana y no se movió.

—¡Eh! ¡David, mira! –gritó Blanca.

Señaló el suelo. Estaba lleno de manchas de sangre y de una cosa amarilla.

—¡Quin, ven! –gritamos los dos al mismo tiempo.

—¿Qué pasa, enanos?

—¡Mira! –señalé yo.

—*¡Ostrás!* –se asustó él.

Fuimos a mirar en la palangana del serrín, y también allí estaba todo manchado de sangre. Nos asustamos mucho. Quin también, y eso que él es muy mayor. Aquella sangre era de Lúa, que estaba muy enferma.

—¡Está muy caliente! –dije yo después de tocarla.

—¡Y no se mueve nada! –se fijó Blanca.

—¿Y ahora qué hacemos? –preguntó Quin, que tampoco sabía lo que había que hacer.

Con todo aquello se nos quitaron las ganas de jugar, y estuvimos todo el tiempo al lado de Lúa. Quin le preparó una manzanilla, pero no bebió nada.

Yo me acordaba de cuando era pequeñita, un

día que se subió al tejado porque la había asustado el perro de los de la farmacia. Después no quería bajar y nadie sabía cómo conseguirlo. Y a mí se me había ocurrido algo. Cogí un cubo, lo enganché con el palo que usa mamá cuando tiende las sábanas para que se sequen muy alto, y le metí dentro una sardina de las que teníamos para asar. Se lo acerqué a Lúa muy despacio y, como llevaba dos días enteros sin comer, se lanzó al cubo. Y así la fui bajando.

—Este David es el mismísimo demonio.

Al principio me enfadé porque me habían llamado demonio, pero enseguida comprendí que lo que todos querían decir era que había sido un héroe.

Aquello había resultado mucho más fácil. Ahora el problema era diferente. Lúa estaba muy enferma y nosotros no sabíamos cómo solucionarlo.

18 La vela no se apagó

AQUELLA mañana hacía mucho mucho frío y había nevado en O Paraño. Yo sé dónde está eso. Es un sitio en el que hay muchos muchos montes, con una carretera que pasa por el medio y allá abajo hay algunas casas.

Gracias a la nieve, mis padres dieron la vuelta. No llevaban cadenas y tuvieron miedo de que el coche se les fuera de la carretera. Esas cadenas son los esquís del coche.

Nosotros estábamos tan preocupados, que ni nos acordamos de rezar. A Blanca le empezó a doler la garganta, y a mí también. Ella dijo que era por el disgusto de la gata.

En esto oímos que llegaba un coche. ¡Eran mis padres! En cuanto los oímos, salimos disparados a llamarlos.

—¡Eh! ¡Qué recibimiento! ¡Ni que hubiéramos estado fuera mucho tiempo!

—Lúa está mal –les dijo Quin.

—¿Cómo? –preguntó mamá.

Mamá algunas veces hace preguntas tontas. ¿Cómo? ¡Y nosotros cómo íbamos a saberlo!

Les enseñamos el suelo todo manchado y lo primero que hicieron fue echarle serrín.

Después lo limpiaron con lejía. Quin vació los cartones que quedaban en una caja de leche y metió allí a Lúa. Ella no intentó escaparse, no andaba, no maullaba, no hacía nada. Sólo estaba quieta y ni siquiera movía los ojos, que eran tristes, muy tristes. Yo también estaba triste, muy triste. Blanca me dio un beso en la mejilla y se fue corriendo a su casa.

Papá y Quin también se fueron a llevar a Lúa al veterinario, que es el médico al que hay que llevar a los gatos y eso. Mamá volvió a repetir lo que ya había dicho muchas veces, como si no supiera decir otra cosa:

—La culpa es mía por haber permitido que la gata se quedara en casa. Ahora fíjate tú, hasta puede contagiarnos. Además, ¡qué necesidad teníamos de ver sufrir al animal! ¡Ni de gastarnos el dinero en el veterinario! ¡Ay, Dios mío! Estos chicos. Estos chicos y también su padre, que tiene menos sentido que ellos.

Siempre que a Lúa le pasa algo, mamá repite las mismas palabras. Algunas veces papá dice que parece un loro de repetición, que eso es repetir y repetir. Después mamá se puso a mirar por la ventana y parecía que estaba llorando. Yo le oí decir:

—¡Pobre animal!

Cuando escuché el ruido del coche de papá, que lo conozco bien, salí corriendo a ver si Lúa ya estaba curada, pero seguía igual.

La sacaron del coche y la pusieron en un cojín que teníamos para ella. No se movía nada nada. Parecía una gata dibujada en un papel. Papá trajo unas inyecciones; había que pincharla cada tres horas. Las había comprado en la farmacia de los caciques, que también quiere decir puercos cochinos. Dice papá que los caciques chupan el sudor de los demás. ¡Qué asco!

—Tiene que estar sin comer nada durante tres días, y a ver qué pasa –le explicó papá a mamá. Yo escuchaba.

—¿Qué te ha dicho que tiene? –preguntó ella.

—El veterinario no lo sabe con seguridad. Ha comparado su enfermedad con la parvovirosis de los perros. Cuando le he preguntado por las posibilidades de que se salve, ha dicho que son pocas, muy pocas.

Yo ya no quise escuchar más y me encerré en mi habitación. Le di muchas patadas a la cama. Después le di puñetazos y, como me dolía, lloré mucho. No me atrevía a volver al sótano porque no quería encontrarme con que Lúa se había muerto. Tenía pánico, que es el miedo más grande de todos. Yo no sabía curarla.

Estoy segurísimo de que si Lúa se muriera se

iría al cielo, porque es muy mansita y muy buena. A lo mejor le toca ir a la luna, que se llama como ella y que también está en el cielo. Yo no quiero que se vaya al cielo aunque allí se esté bien.

En el cielo no se pasa mal, porque allí nadie se mete contigo ni nada. No dejan entrar a las personas que son malas, ni siquiera a las que son un poco malas. Yo todavía no sé muy bien cómo es el cielo. Si está tan arriba, tan arriba, y no hay tierra como aquí, ¿cómo podrá ser que las personas que están allí, los ángeles y todos ésos, no se caigan para abajo?

Dios es mucho más importante que Supermán, y a lo mejor tiene tanta fuerza que los puede sostener a todos allá arriba. No sé. Yo lo que quiero es que Lúa se quede con nosotros.

Blanca llamó a la puerta de fuera. Le abrí y bajamos los dos a ver cómo seguía Lúa. Allí estaba mamá intentando meterle agua en la boca con una cucharilla de café. Nada. Lo echaba todo. Seguía como si fuera una estatua, que son señores de cemento o de piedra que no se mueven. También pueden ser caballos y más cosas.

—¡Lúa! –la llamaba yo, pero no se volvía hacia mí ni nada.

Aquellos días fueron terribles. Cada mañana yo, que ya no tenía miedo, bajaba corriendo a ver si se había curado. Continuaba triste y quieta, en el mismo sitio donde la habíamos dejado el día anterior. Tenía el pelo muy sucio porque no se lamía.

Había adelgazado tanto tanto, que su cabeza parecía muy pequeñita, así como una bombilla. Tenía los ojos muy secos, no brillaban ni nada. Y el rabo parecía un cordel de los que se usan para atar chorizos.

En casa nadie quería comer, que a eso se le llama no tener apetito. Ni siquiera Quin, que siempre traga todo lo que hay en la nevera hasta que mis padres le riñen.

Blanca tuvo una idea:

—¿Y si nos aprendemos de memoria el credo?

—Vale –dije yo. ¿Qué le iba a decir?

Le dijimos a Dios que si éramos capaces de aprenderlo, él tenía que curar a Lúa. Eso es hacer un trato. Como Dios no contesta como las personas, no estábamos seguros de que nos hubiera escuchado.

—Encendemos una vela y, si se apaga, quiere decir que nos ha escuchado –propuso Blanca.

Como Blanca es muy lista, yo acepté. La vela no se apagó. Puede ser que Blanca estuviera equivocada porque las velas de los santos sólo sirven para cuando hay tormenta. Tormenta es cuando las nubes lanzan esos rayos peligrosos que son como serpientes amarillas. Si te tocan, te queman. Entonces, si enciendes una vela, esas serpientes no entran en tu casa. Esos rayos son tan malos que se puede decir *mecagoenelrayo* sin que sea pecado. La abuela lo dice, y eso que a ella ya le falta poco para ir al cielo, porque tiene muchas arrugas y las orejas muy grandes, y me ha dicho Quin que a las personas muy viejas les crecen mucho las orejas.

19 Pesadillas

CUANDO ya habían pasado cuatro de aquellos terribles días, escuché a mis padres que hablaban entre ellos:

—Mejor sería ponerle una inyección y acabar de una vez. ¡Pobre animal! ¡Cuánto está sufriendo!

—Mujer, no hay por qué matarla. ¿Quién sabe? Precisamente me encontré al veterinario y me preguntó por ella creyendo que ya se habría muerto. Le sorprendió que siga viva. Mira, ¡vamos a esperar, a ver qué pasa!

—Pues yo creo que sería mejor acabar de una vez. ¿No ves cómo hace?

La abuela, que ya no está bien de la cabeza, decía que si fuera una de esas gatas siamesas o yo qué sé, que valdría la pena cuidarla, pero como ésta no es de raza, que lo mejor sería llevarla al monte y dejarla allí abandonada, con un poco de comida. Y digo yo: con la lata que da ella, ¿por qué no le hacemos lo mismo? Le dejamos comida y ya está. A la abuela tendríamos que dejarle mucha, porque come sin parar. ¡Uf! ¡Lo que acabo de decir! A lo mejor es un pecado guay que me sirve para la primera comunión.

Era cierto que Lúa estaba delgadísima, que no comía ni nada, pero yo no quería que la matasen ni que la dejaran sola en el monte. Me fui otra vez a mi cuarto, me tiré en la alfombra y di muchos muchos puñetazos en el suelo. No paré hasta que me hice mucho daño. Después lloré, porque me dolían las manos y la garganta.

Empecé a recordar cuando Lúa se subía por mis piernas mientras yo estaba leyendo en la cocina. Siempre hace igual. Primero me pide permiso apoyando las patas de delante. Me mira, y luego, ¡zas!, se planta sobre mis piernas. Yo tengo que poner algo para levantar los pies; si no, se me escurre.

A las doce de la noche yo seguía con la luz encendida. No podía dormirme porque a esa misma hora Blanca, que estaba en la cama de su habitación, tenía que hacer lo mismo que yo. Teníamos que contar hasta quinientos sin que nos diera el sueño y sin equivocarnos. Era un sacrificio grande para que Lúa se curase. Después me dormí y tuve muchas pesadillas.

—¡No, Lúa! ¡No, no, Lúa! ¡Mira que es San José!

Enseguida apareció mi madre en la habitación y se sentó en la cama a mi lado. Yo lloraba y ella casi. Se sonaba la nariz muchas veces, que así es como lloran los mayores. Ellos no hacen ruido.

Yo me acordaba de un pecado muy gordo muy gordo que había hecho Lúa por Navidades.

Entre Quin, papá y yo habíamos montado un nacimiento en el sótano. Mamá no nos dejó ponerlo en la sala nueva (que se llama sala de estar) porque nunca estamos allí. Sólo es para cuando viene gente.

Un nacimiento es poner una tabla grandísima encima de una mesa vieja y llenarla de musgo, que es una hierba que crece por los muros. Hay que ir a buscarla y se trae en cajas de leche. También se le ponen piedrecitas y serrín, que se convierten en una cosa que hemos de llamar desierto. El desierto es un sitio donde hay mucho serrín, o también arena.

Después se llena todo de pastores, de gente pobre que lava rezando de rodillas en el río, de puentes, de ríos sin agua (que son de plata de los bocadillos del recreo). Y en un sitio se pone al Niño Jesús con sus padres, que se llaman San José y Virgen María. Detrás, un poco escondidos, hay que poner la burra y el buey. El Niño tiene que estar allí para que pueda nacer la noche de Nochebuena, que es cuando tiene que ser.

Todo nos había quedado guay. Por la mañana me levanté, fui a ver cómo estaba el nacimiento y...

—¡Quin! ¡Quin! ¡Ven aquí! ¡Mira, todo está revuelto y tirado por el suelo!

—*¡Ostrís!* ¡Un oasis! –dijo Quin, que había bajado corriendo.

Un oasis es cuando el pis de Lúa hace una poza en medio del serrín del desierto. ¡Lúa había meado encima de San José y de la Virgen! ¡Había tirado de la cuna al Niño Jesús y había enterrado las ovejas! Y la gente pobre estaba toda revuelta entre los Reyes Magos. Yo subí corriendo mucho mucho para que mi madre también lo supiera.

—¡Mamá, mamá! ¡Lúa se ha meado encima de San José y de la Virgen!

—¿Qué barbaridad es esa que estás diciendo, David?

—Yo no he sido, ha sido Lúa.

Después mamá riñó a Quin por haberse olvidado de poner la palangana con el serrín de Lúa, que ése es su váter. Lúa pensó que se lo habíamos cambiado al nacimiento, y por eso fue a mear allí. Como estaba la luz apagada, no pudo ver dónde estaban los santos ni nada de eso. Yo tenía miedo de que con ese pecado Lúa no pudiera entrar en el cielo, porque los gatos no hacen la primera comunión y no se pueden confesar. Yo nunca los he visto en misa, y eso que en nuestra parroquia hay muchos. Me empezó a doler la barriga y no quise que mamá se marchara, ella se metió en la cama conmigo. Y rezamos los dos. Mamá también sabe el credo, y eso que no va nunca a misa (hace como Lúa). Se lo hice repetir hasta que me quedé dormido.

Es guay cuando mamá duerme conmigo. Es como si viniese un hada y se llevara todas mis pesadillas.

Cuando desperté a la mañana siguiente, mamá ya no estaba a mi lado y me enfadé.

Después se me pasó. Me dijo que se había levantado más temprano para ir a comprar cosas.

20 *¡Lúa movió el rabo!*

TAN pronto como me levanté, fui corriendo a ver a Lúa. No desayuné ni nada. Ella seguía muy quieta muy quieta, pero me miró.

—¡Hola, Lúa! Te tienes que poner bien, bonita. Tienes que comer. Así, ¿ves? Así.

Yo sacaba la lengua y lamía mi mano para que ella aprendiera. A lo mejor se había olvidado de cómo se hacía. Es que aunque le acercáramos comida, o agua, ella arrimaba el hocico pero no sacaba la lengua. La tenía pegada. Yo le seguí hablando y vi que levantaba un poquito la punta del rabo. Entonces mi corazón se puso a latir fuerte: bun-bun, bun-bun, muy fuerte, como cuando alguien llama en el portal de fuera. Seguí hablándole:

—¡Lúa, bonita! ¡Ponte buena, por favor! Blanca te quiere, mamá te quiere, papá te quiere y yo te quiero mucho mucho, y Quin también. Cúrate, Lúa. No te vayas al cielo. Cuando seamos muy viejos, nos marchamos para allí todos juntos. ¿De acuerdo?

Lúa volvió a mover el rabo y yo grité:

—¡Mamáaaaa, mamáaaa! ¡Venid aquí!

Di una vuelta por la huerta llamando a todos para que vinieran. Todos eran mamá y la abuela bisa. Los otros no estaban.

—¡Ha movido el rabo! ¡Ha movido el rabo! –dije.

Mamá cogió el coche. Ella conduce mucho, es taxista. Y se fue al veterinario. Volvió enseguida y traía unos sobres que ponían *Sueroral*. En una jarra mezcló aquella harina con agua y removió todo, igual que hago yo con el cacao y la leche. Cogió una jeringuilla y la llenó con aquel líquido.

—¡No la pinches, mamá! ¡Por favor, no la pinches!

Esta vez fui yo el que se puso histérico, que hay que ser tonto. Claro que no la iba a pinchar. No tenía aguja ni nada. Era para echarle el líquido aquel por la boca hacia adentro, porque ella ni siquiera sacaba la lengua. Lúa tragaba estirando mucho el cuello, y mamá volvía a llenar la jeringuilla. Le sujetaba la cabeza de lado y, con la otra mano, le metía el *Sueroral* aquel.

—Mamá, yo también sé hacerlo.

Y claro que sabía. Como mi madre tenía que irse a trabajar, que es estar sentada en el taxi, en un sitio donde hay otros dos más, y esperar a ver si llueve o algo así para que haya gente, yo me quedé cuidando a Lúa y dándole de beber.

La abuela estaba sentada junto a la puerta, pero ella gana dinero igual. Los jubilados ganan dinero aunque se pasen el día sentados en la huerta.

Yo, cuando salga de la escuela, seguro seguro que voy a estudiar para ser jubilado, que eso es no hacer nada. A mí también me gusta piloto, carpintero, mecánico, astronauta o panadero, pero no sé lo que hay que hacer.

Cada poco tiempo tenía que darle a Lúa aquel líquido que cogía con la jeringuilla. Ella me dejaba que se lo echase, y ya no tenía que sujetarle la cabeza. Me cayeron unas gotitas fuera y le mojé el pecho. Entonces Lúa sacó la lengua y empezó a secarse.

—¡Lúa! ¡Has sacado la lengua!

De repente se levantó y se fue andando hasta la huerta. A cada poco se caía de las patas de atrás, pero llegó allí y se puso a oler las hierbas, que siempre le gusta olerlas y también mordisquea algunas. Después empezó a estirarse igual que hace mamá con sus ejercicios para la columna. Primero estiró mucho una mano y la pata del otro lado, y después la otra mano y la otra pata. Mamá tiene que hacer eso veinte veces, pero Lúa no lo hizo tantas porque se caía de las patas de atrás.

Fui al grifo del lavadero y le limpié su taza. Se la llené de agua y se la llevé a donde ella estaba. ¡Y bebió! Bebió después de tantos días. ¡Lúa estaba curada!

21 *Regalos y mimos de Lúa*

DESPUÉS de haber estado enferma, Lúa todavía nos quería más. Empezó a cazar para hacernos regalos. Atrapaba ratones en la huerta y nos los dejaba delante de la puerta de entrada de las escaleras. A mí los ratones me dan un poco de asco, o de miedo, no sé. Por ejemplo, yo como pescado frito, o cocido, o así, pero ratones no soy capaz. Entonces, cuando Lúa me los regalaba, los cogía por el rabo, ¡puag!, y los tiraba debajo de la viña sin que ella me viese, para que no le pareciera mal ni nada.

Lúa me quiere tanto tanto, que se debió de dar cuenta de que los ratones no me gustan y empezó a traerme lagartos pequeños, pero a mí tampoco me gustan.

Una vez, hasta cazó un topo de esos que hacen agujeros por debajo de la tierra, y eso que son grandes y tienen dientes. ¡Es tan lista!

También le gusta cazar pájaros, y se pone encima de la viña a montar guardia. Pero, como no vuela, le resulta muy difícil. Se lanza a por ellos muy valiente, parece Spiderman, pero siempre se le escapan. A mí no me importa que no los coja, porque los pajaritos sí que me gustan. Me gustan vivos y sueltos. En las jaulas no pueden volar, y cuando pían no es que estén cantando; yo creo que lloran porque quieren volar y viajar.

Cuando caza moscas, como sabe que mamá les tiene manía, se las come. Nunca nos las trae.

Desde que estuvo enferma, se volvió muy mimosa. Para que sanara pronto, mamá compraba pescado fresco y se lo cocía. Le limpiaba las espinas y todo. Lúa se acostumbró, y ahora para que coma hay que hacerle monadas:

—Come, bonita. Come, Lúa. Anda, venga, come, mi reina.

Y así se pone a comer. Papá no se lo creía. Hace unos días, fue él a ponerle la comida y Lúa nada, no comía. Entonces él le habló:

—Anda, preciosa. Come, bonita. Venga, come, come...

Y Lúa se acercó al plato y empezó a lamer. A mi padre no le quedó más remedio que creérselo.

Le dimos unas píldoras que eran vitaminas. Yo sabía dárselas. Había que deshacer la píldora en una cucharilla, mezclarla con un poco de agua y decirle:

—Ven, Lúa. Ven a tomar las vitaminas.

Ella venía, lamía lo que había en la cucharilla

y se marchaba con el rabo muy alto; parecía el palo de la bandera que tenemos en el patio del cole.

Algunas veces la dejan subir a la cocina, pero ella ya sabe que por la noche se tiene que ir a dormir a su cama, que está en el sótano.

Una vez se olvidó de bajar y se quedó encerrada en la cocina. No podía ir a su váter ni tampoco al nuestro. Ella no sabe abrir las puertas porque no llega a las manillas.

Por la mañana, cuando mamá se levantó, gritó:

—¿Qué ha pasado aquí? ¡Qué mal huele en la cocina!

Abrió la puerta de las escaleras y Lúa salió corriendo porque a ella también le olía fatal, que eso es apestar. Mamá encontró una bolsa de plástico que estaba en el suelo con una porquería que si la digo también es pecado. Éste sería un pecado repetido. Estaba mezclada con los orines de Lúa.

—¡Válgame Dios! Lúa se ha quedado toda la noche en la cocina –dijo mamá–. Menos mal que ha hecho el pastel dentro de una bolsa.

Mi madre, para no tener que decir pecados, porque ella ya ha hecho la primera comunión, llama pasteles a todas las palabras cochinas.

Aquellos días Lúa no paraba de rascarse, se sentaba en el suelo y, con una de las patas de atrás, se rascaba tan fuerte detrás de la oreja que parecía la batidora de mamá cuando hace magia, que eso es convertir los huevos en nieve, y después aparece una tarta de almendras.

Papá le compró un collar que tiene un nombre muy difícil: antiparasitario, que quiere decir que sirve para matar pulgas. A lo mejor, si se lo hubieran puesto a Raquel se le habrían muerto los piojos, y la profe no habría tenido que disfrazarla de encantadora de serpientes.

A mí ese collar me da un poco de miedo. Un día Lúa se estaba lamiendo, que así es como ella se lava, y se le quedó la boca atrapada en el collar. Todos queríamos cogerla para quitárselo. Y papá y mamá gritaban histéricos:

—Hay que sujetarle las patas para que no arañe.

Y Quin cogió las tijeras de cortarles la cola a los peces muertos (de esos que no son del mar, que son del súper o del pescadero). Y yo grité:

—¡Quin, Quin! ¿Qué le vas a hacer?

Y... ¡Chas! Quin le cortó el collar, y después Lúa ya no estaba con la boca abierta corriendo por todas partes. Aquella vez también nos llevamos un buen susto, pero no fue tan grande como cuando enfermó.

22 Lúa es un toro

LA cuidamos tanto tanto, que se puso otra vez muy bonita. Además, mis padres ya la dejan que suba siempre a la cocina; aunque, a la hora de comer, mi madre la echa para abajo.

—¡Un día vamos a comer pelos de gata!

Es verdad que se le cae mucho el pelo, pero yo no he visto que se le caiga en el plato. Mamá es una exagerada.

Algunas veces, cuando estamos en la cocina viendo la tele o así, Lúa llama a la puerta.

Rasca, rasca y maúlla, hasta que abrimos. Entra disparada y se sube a la butaca que está al lado de la ventana. Sólo la dejan subirse a ésa. Ella es tan lista, tan lista, que ya lo sabe. Si se sube a otra y oye que vienen papá o mamá, se baja rápida como un cohete.

Cuando está allí tranquila en su asiento, si la miramos, aunque no le digamos nada, ella cierra los ojos. Quin dice que hace eso para que veamos que nos quiere y que confía en nosotros. Lo sabe porque lo leyó en un libro de ciencias, que son los que hablan de gatos y eso.

A veces Quin se sienta en el suelo de la cocina y levanta rápidamente el brazo. Lúa se pone de pie y lo sigue como si estuviera en el circo de A Xunqueira, que es un circo que viene aquí en verano. Otras veces le salta a la mano, y derrapa como Quin con su bici. Parece que se va a matar, pero nada. Estos días no lo hace porque tiene gatitos en la barriga, y a lo mejor se asustan.

Como es tan juguetona, se prepara toda encogidita esperando que le hagamos algo. Sacude el rabo a toda velocidad y mueve la cabeza para adelante y para atrás, igual que hace la abuela en su mecedora. De pronto, ¡chas!, da un salto hacia lo que nosotros movemos y se pone otra vez en posición de salida. Esto no lo hace la abuela porque ya es vieja.

Un día Blanca le enseñó a hacer de toro. Cogió una chaqueta roja y la movió delante de Lúa. Ella saltaba a la chaqueta sin parar.

—¡Olé! ¡Olé! –gritábamos nosotros hasta cansarnos.

A mí me gustan las corridas de Lúa porque son muy divertidas. Las de toros no, porque no quiero que los pinchen ni que los maten. Tampoco quiero que se muera el torero. Un día se murió uno, yo lo vi en la tele, y lloré.

Quin grabó una corrida de Lúa con la cámara

de vídeo. Mamá nos gritó porque toreábamos con un jersey nuevo y lo deshilachamos todo. Luego, cuando vio la grabación, se reía que se partía el culo. Eso es reírse mucho, que Quin también lo dice. A veces no entiendo a mamá cuando nos riñe y después se ríe por lo mismo. A lo mejor es por eso de que es histérica, que también puede ser una enfermedad.

23 *Lúa estaba en celo*

HE aprendido muchas cosas de los gatos. Sobre todo de las gatas. Pero aún no he podido acostumbrarme a ver cómo Lúa se pasea por la parte de fuera de la ventana de la cocina. Siempre me parece que se va a caer y se va a matar.

Ahora ya sé qué es estar en celo. Ese celo no es la cinta de pegar los papeles de los regalos. Es otro. Cuando le pasa a Lúa, quiere decir que tiene ganas de enamorarse, de encontrar novio. Se hacen caricias, y si Lúa no se escapa se queda preñada, que es cuando le aparecen los gatitos en la tripa.

La primera vez que estuvo en celo, nosotros no sabíamos nada, y la dejamos ir por donde ella quiso. Esta última vez, Blanca y yo montamos guardia. Le habíamos oído decir a mamá:

—La gata está otra vez en celo.

Nos pusimos a vigilar, y ya nos dimos cuenta. Parecía un poco atontada. Esos días hacía como que no nos conocía. La llamábamos y no aparecía, ni siquiera para comer. No sé si el celo ese la vuelve sorda o qué le pasa. Si se le acercaba un gato, ella se tumbaba en el suelo, patas arriba. Daba muchas vueltas. ¿Y qué hicimos nosotros? Pues escogerle el novio. Esos días aparecían montones de gatos por nuestra huerta. Yo le decía a Blanca:

—¿Te parece bonito ése?

—Ése no, que es muy grande.

Entonces le tirábamos piedras para espantarlo, y esperábamos a que llegase otro.

—¡Ahí viene otro! ¿Qué te parece?

—Ése es chachi.

Lo miramos bien y, como nos gustó, dejamos que se acercara. No le lanzamos ninguna piedra. Era un gato marrón, con el hocico muy negro. Tenía los ojos azules como luces del árbol de Navidad. A mí no me parecía tan guay, pero a Blanca le pareció bonito, y dejamos que se arrimase.

Al principio Lúa se tumbó delante de él en el suelo. Después se sentó y andaba como encogida, muy despacio, de una manera muy rara. Empezó a jugar con él y a llevarlo a caballito, y nosotros nos cansamos. Como nos aburríamos de esperar a ver qué pasaba, nos fuimos.

Aquella noche Lúa no aparecía, no aparecía, ¿y qué es lo qué pasaba? Pues que estaba sobre la paja del cobertizo durmiendo con el gato marrón, por eso no quería venir.

Al día siguiente, el gato marrón estaba jugando con una gata desconocida, y Blanca los vio.

—¡Anda! ¡El novio de Lúa se ha ido con otra!

Y empezamos a tirarle piedras también a él. Yo nunca voy a tener más novias que Blanca, y así nadie me va a tirar piedras.

24 *La cama de Lúa*

AHORA tiene la tripa muy gorda, y come muchísimo. Siempre está maullando y pidiendo comida. Tiene muchas ganas de entrar en nuestras habitaciones, pero mamá no la deja. Claro, como la última vez parió en su armario y se armó una gorda, que quiere decir un lío muy grande, ahora no la deja pasar.

Acabo de llamar a Blanca por teléfono, y va a venir enseguida. Vive muy cerca de mi casa. Muy cerca. Cuando llegue, entre los dos tenemos que buscar un sitio para que Lúa tenga los gatitos y no le desaparezcan.

Como en la parte de arriba no la dejan estar, tiene que ser en el sótano. Creo que ya sé un buen sitio. Vamos a poner una toalla grande en una mesilla de noche vieja que está junto al congelador, allí en el sótano. ¡Bueno!, mejor una sábana, sin que mamá se entere. Las sábanas ya sé que le gustan.

Claro que no se lo podemos decir a nadie. Es

un secreto de detectives y no se lo podemos contar ni siquiera a nuestros padres, ni a los hermanos, que total Blanca no tiene, ni a nadie nadie.

Estos días hace mucho calor y ya estamos otra vez de vacaciones. En mi colegio las vacaciones son cuando hace mucho calor. Vamos a la playa, y mamá pone muchos días lechuga para comer. ¡Puag! También hay vacaciones cuando hace mucho frío, y se come turrón, y nos traen regalos, y eso.

Nosotros estos días no salimos a la calle a jugar con los otros chavales. Queremos descubrir el misterio de la desaparición de los gatitos. No queremos que Lúa vuelva a estar tan triste como las otras veces, que buscaba y buscaba y no paraba de maullar como cuando era pequeña. Ésa es su manera de llorar, porque los gatos no lloran con lágrimas. No las tienen.

No tienen lágrimas, pero pueden tener enfermedades en los ojos. Los ojos de Lúa son amarillos con una raya negra en el medio. Un día uno se le puso de color gris. Mamá creyó que se iba a quedar ciega, pero en la farmacia le dieron unas gotas iguales a las que se echa la abuela, y se curó.

La abuela se enfadó porque no quería que usáramos sus medicinas con la gata, pero no eran las suyas. Eran de la farmacia.

Mamá está muy contenta porque ya se han ido los farmacéuticos caciques. Ahora está allí una señora muy guapa. Además, nos regala caramelos y cosas cuando vamos nosotros a comprar.

Tenemos que vigilar a Lúa, como los detectives de verdad, para saber cuándo llegan sus hijos.

En mi casa comemos más temprano que en la de Blanca, así que, mientras yo como, ella vigila, y después bajo yo y ella se marcha; eso es hacer turnos.

Por la noche no hay problema porque se cierra la puerta del sótano. Tenemos que descubrir al ladrón de los gatitos como sea.

La abuela, como sigue un poco loca, dice que a ver si se los han llevado para hacer una empanada. ¡Pero si los gatos no saben amasar, y menos si son pequeños! Se lo dije, y ella se partía el culo de risa. No rige nada de nada. Ahora ya sé que no se le puede hacer caso en las cosas del gato, y la dejo que hable. ¡Que diga lo que quiera!

25 *La promesa*

—¡HOLA, Davi! ¿Lo preparamos ya?

—Claro. Te estaba esperando. Pero acuérdate de que es un secreto, y no nos puede ver nadie.

—Ni siquiera se lo podemos decir a nuestros padres.

—Eso.

—¿Ya has pensado en algún sitio?

—Sí, en la mesilla de noche que está junto al congelador.

—¿Tiene puerta?

—Claro. Pero si se la cerramos... ¡no respira!

—Pues tenemos que llevarla allí para que se acostumbre y aprenda. Claro que si nos ve tu madre, ya no hay secreto.

—Pues la llevamos cuando no nos vea nadie.

—¿Sabes una cosa?

—¿Qué?

—Es mejor que le demos vuelta de cara a la pared.

—¿A quién?

—A nadie. A la mesilla de noche para que no se vea lo que hay dentro. Así la puerta puede quedar abierta y ya respira.

—Blanca...

—¿Qué?

—Un día nosotros nos vamos a casar y también tendremos hijos. ¿A que sí?

—Claro, pero no sé dónde vamos a vivir.

—¿Vivir? Los detectives seguro que ganan mucho dinero. Podremos hacer una casa muy grande, encima de la de mis padres.

—Vale. Con unas puertas muy gordas y muy fuertes para que nadie pueda entrar a robarnos a nuestros hijos.

—Eso.

—¿Cómo podemos hacer la promesa?

—Con piedras.

—No. Eso es para los juramentos.

—Entonces, ¿cómo?

—Con un beso muy grande, Davi.

—Pues venga.

—Cierra los ojos –me besó fuerte–. ¡Ya está!

—Ahora yo. Cierra tú los ojos –la besé–. ¡Ya vale!

—De acuerdo –dijo Blanca.

Le preparamos todo a Lúa, y además Blanca y yo hicimos la promesa de que cuando seamos mayores nos vamos a casar. Así ya no podemos tener otras novias ni otros novios.

26 *Lúa no cabe en la mesilla de noche*

No sé si mamá estará también intentando descubrir el mismo misterio tan misterioso.

Estos días siempre quiere saber dónde está Lúa.

—Debe de estar a punto de parir. Tenemos que andarnos con pies de plomo.

No me cabe duda de que mamá quiere saber lo mismo que queremos saber nosotros. Yo no le he dicho nada de nuestros planes, porque a lo mejor se pone histérica. Ya empieza a decir tonterías: tenemos que andarnos con pies de plomo; sólo las estatuas pueden tener los pies de plomo, aunque casi siempre son de cemento o de piedra.

Le preparamos la mesilla de noche con la entrada escondida. Dentro pusimos una sábana de florecitas para que le gustara, y le gusta. Ayer la llevamos allí y estuvo un rato oliéndolo todo. Blanca y yo la mirábamos, a ver qué hacía.

—¡Davi! En la mesilla no cabe. Le tenemos que buscar otro sitio enseguida.

—¿Y si le ponemos la sábana aquí? –pregunté.

—¿Aquí?

Y se la hemos puesto allí, al lado del congelador, que es el sitio donde se guarda el pan de los domingos y otras cosas más. Allí siempre hay un ruidito continuo, que a lo mejor le gusta a Lúa como le gustaba el sonido del reloj cuando era pequeña.

—Pues ahora tenemos que poner un cartón grande por debajo –explicó Blanca–. Así le servirá de aislante.

—Eso, para que esté como en una isla y no se pueda acercar nadie –dije.

—¡Bah! No es por eso. Es para que no tenga frío.

—Claro. En las islas no hace frío. La gente está desnuda.

Tapamos aquel rincón. Pusimos por delante la mesilla de noche, y ha quedado una cama guay. Le echamos colonia para que le gustara más. Cuando todo estuvo listo, llevamos allí a Lúa para que se fuera acostumbrando y aprendiese que aquél era el sanatorio donde tenía que parir. Estuvo allí un rato, lo olió todo, y después se cansó y se escapó. A lo mejor tengo que usar el perfume de mamá.

Las mamás también van a los sanatorios para tener a sus bebés. Yo nací en el sanatorio donde cosen las heridas grandes que sangran mucho. Quin se cayó un día de la bici y se hizo una brecha, que también se llaman así, y lo llevaron a ese sanatorio.

En la barriga de mamá sólo estuve nueve meses. Ella dice que ése es el tiempo que hay que estar allí dentro, pero yo creo que algunos bebés están más. Moncha, la vecina de La Pomba, va a tener un bebé, y ya debe de hacer ocho años que lo lleva dentro. Tiene una barriga gordísima. Allí dentro, en la barriga, se crece mucho.

Mamá también le ha preparado una cama a Lúa en otro sitio, pero yo no le puedo decir nada. Si se lo digo, ya no es secreto. Ahora habrá que esperar a ver qué sanatorio es el que ella escoge.

Hoy casi no ha querido comer. Se ha pasado mucho tiempo tumbada. En la cocina arañaba la puerta que da al pasillo. Quería abrirla y entrar, pero papá la ha echado para abajo. Yo le he llevado un poco de jamón, de ese que no es jamón jamón, porque no está colgado. Ha tenido que ser sin que nadie me viera. Mamá no me deja que se lo dé. A lo mejor cree que a Lúa no le gusta. Quería acariciarle la tripa, pero ella no me ha dejado.

¡Me gustaría que pariera muchos gatitos! Blanca dice que quiere uno para ella sola.

Su madre se lo deja tener. Pues vale, y todos los demás se quedan en nuestra casa.

27 *Mamá conocía el misterio*

¡YUUUJU! Lúa ya ha parido. Y escogió nuestro sanatorio. Blanca decía que las gatas buscan sitios donde no las vean parir porque tienen vergüenza, pero no ha sido así. ¡Lúa parió delante de nosotros! Y ya hemos descubierto el misterio. Ha resultado ser un misterio muy triste muy triste, pero no volverá a pasar nunca más. ¡Nunca más le van a quitar sus hijos a Lúa!

Hace unos días, por la noche, mi padre fue a cerrar el portal. Llamó a Lúa como siempre, pero ella no vino. A la mañana siguiente tampoco apareció. Yo ya empecé a tener miedo de que se hubiera quedado encerrada en algún sitio, como la vez aquella del coche, o la del tejado. Era lunes, que es cuando mamá no tiene que ir a la parada con el taxi.

—Lúa ha vuelto a desaparecer –le dije a Blanca.

—Vamos a mirar en el sanatorio.

Fuimos y... ¡Estaba allí, pariendo! Y pudimos ver cómo paría. Ella nos miraba, y estaba toda despeluchada, parecía que tenía el pelo todo mojado, como Quin cuando vuelve después de montar en bici.

Lúa maulló bajito para saludarnos, y siguió respirando muy rápido. De repente, lanzó un maullido fuerte y, por un agujero que tiene debajo del rabo, echó una cosa. ¡Era un gatito! Nosotros cogimos una linterna para poder ver mejor. Allí había unas cosas que daban un poco de asco. Y Lúa se puso a comerlas. Nunca la había visto hacer una guarrada así.

Lo peor fue cuando acercó su boca al gatito. Lo volvía de un lado y del otro, y le comía una cosa que le colgaba.

No pude aguantar más. No fui capaz de seguir guardando el secreto, y salí corriendo a buscar a mi madre.

—¡Mamáaa! ¡Mamáaaa! ¡Ven enseguida, que se está comiendo un gatito!

Me asusté tanto tanto, que mamá casi se cae por las escaleras al querer bajar a toda prisa.

—¡Corre, que se lo come! ¡Corre, mamá! –insistía yo.

—¡Dios bendito, otra vez la misma historia!

Mamá cogió una azada y corrió con ella en alto para pegarle.

—Espera, que esta vez no te libras –dijo.

—¡Mamá, mamá, no la mates, pero no dejes que se lo coma!

—¡No la mates, Flora! –me ayudaba Blanca.

—¿Cómo que no? De esta no lo libran ni todos los farmacéuticos del mundo. ¡Por lo visto no se lo han llevado con ellos!

Llevamos a mamá junto al congelador. Al llegar allí, bajó la azada y dijo:

—¡Ah! ¿Dónde se ha metido ese maldito?

—¿Quién? –preguntamos nosotros.

—¿Quién va a ser? ¡El que se estaba comiendo al gatito!

Como nosotros nos miramos sorprendidos, sin entender nada, mamá se decidió a contarnos algo. Ella ya conocía el misterio de la desaparición de los hijos de Lúa. Nosotros, como Lúa volvía a estar tranquila, la escuchamos muy atentos. Antes, ella nos hizo algunas preguntas:

—¿Quién se quería comer al gatito? ¿Por qué me habéis llamado?

—No ha entrado nadie. Era Lúa la que estaba intentando comérselo. Primero lo ha echado por el agujero y después se lo quería comer, pero todavía no se lo ha comido.

Mamá soltó una carcajada y suspiró.

—¡Ay! ¡Qué susto me habéis dado! No se lo quería comer, hombre. Lo que pasa es que las gatas, cuando paren, no necesitan que las ayude el médico.

—El veterinario –dije yo porque lo sabía.

—Eso, el veterinario. Ellas se arreglan solas. Lo

que le habéis visto hacer con el gatito era limpiarlo y quitarle el cordón umbilical, que es una tripa por donde se alimenta mientras está en la barriga. Las gatas quieren mucho a sus bebés y no les hacen daño. Esperad, que seguramente nacerán más.

Mi madre debe de ser adivina, o bruja, o puede que Lúa nos hubiera estado escuchando. Lanzó otro maullido fuerte y volvió a soltar otro gatito por aquel sitio.

—Lúa bonita, bonita. ¡Qué bonita eres! ¡Anda, tesoro, que ya falta poco! Valiente. Bonita.

Mamá le hablaba así, y Lúa la miraba porque la entendía.

—¿Os dais cuenta de que no se lo come? Lo está lamiendo para secarlo y limpiarlo. ¿No veis cómo lo abraza? Mirad con qué cuidado se mueve para no aplastarlo, y eso que está sintiendo dolor.

—Mamá, ¿cuando yo nací tú también me lamías?

Blanca estaba escuchando, y yo tenía un poco de curiosidad y otro poco de vergüenza por oír lo que mamá iba a decirme.

—¡No, hombre! Yo sí que necesité ayuda médica. Esas personas se encargan de hacer ese trabajo.

La verdad, me quedé más tranquilo. No me habría gustado nada que mamá me hubiera tenido que lamer con su lengua.

—Entonces, ¡Lúa sabe tanto como los médicos!

—Sobre sí misma, casi tanto –sonrió mamá.

Y ya no hablamos más hasta que salieron los cuatro gatitos que Lúa tenía dentro. Yo quería estar atento y ver cómo nacían. Después fue muy bonito, porque Lúa los lavaba y ellos se caían patas arriba.

28 *Caso resuelto*

—¿QUIÉN ha preparado este sitio? –preguntó mamá.

—Hemos sido nosotros –se me adelantó Blanca.

—Habéis hecho bien poniéndole aquí la cama. ¿Cómo no me dijisteis nada? ¿No sabíais que yo tenía otro sitio preparado? Pero he de reconocer que el vuestro está más protegido.

—Es que es un secreto que no podemos contarle a nadie, ni siquiera a ti, mamá.

—¿Y eso por qué?

—Porque queremos saber quién fue el que robó los hijos de Lúa las otras veces.

—Creemos que fue el señor Indalecio, pero todavía no hemos conseguido las pruebas definitivas –me ayudó Blanca.

—Pues no debéis juzgar antes de tiempo, detectives.

A mí aquello de que mamá reconociera que éramos detectives me gustó, pero lo que dijo a continuación me dejó impresionado.

—Os voy a confesar algo..., aunque no debería –dijo, y eso que nosotros no somos curas–. Las dos veces anteriores que Lúa parió, nadie robó los gatitos...

Yo entonces me acordé de una cosa y empecé a ponerme nervioso.

—¿Los enterró papá, como dijo la abuela?

—No exactamente. Espera. ¿Os acordáis de Rambo, el perro de la farmacia?

—Sí, pero ya se han ido de aquí –dije.

—¡Gracias a Dios! Pues la fiera aquella... –se paró un momento–. No os asustéis. El muy bestia mató a los gatitos de Lúa las dos veces anteriores. Yo me sentí fatal al verlos destrozados. ¡Pobres animalitos! No quise deciros nada para que vosotros no sufrierais. Papá tuvo que enterrarlos en la huerta.

—¡Entonces la abuela no estaba tan loca!

—Claro que no. Lo que pasa es que a veces habla de más. Dice cosas que sería mejor callar.

Como Lúa tenía otros gatitos preciosos, no pudimos ponernos tristes. Además, ya había pasado mucho tiempo. Nosotros hicimos un buen trabajo de detectives, porque conseguimos hacer cantar a la testigo y así descubrimos el misterio. Cantar no es cantar. Cantar es decir algo que no querías decir.

Los cuatro gatitos de Lúa son lindísimos. Son mucho más pequeñitos que Lúa cuando la trajo Quin. No ven ni nada. Hay uno que es gata y tres que son gatos. Ninguno tiene pito.

¡Bueno!, lo tienen, pero escondido. Pero aun así, yo sé distinguir si son gatos o gatas.

Las gatas tienen debajo del rabo dos agujeritos muy juntos. Los gatos los tienen más separados, y también tienen un bulto pequeñito en el medio, que son los testículos. Allí dentro tienen una cosa que es la semilla de nacer gatos. Cuando Lúa y el gato marrón jugaban, le entraron a ella esos bichitos y le crecieron dentro hasta ser gatos. Me lo ha dicho mamá.

Mamá también es muy lista. Ya no me parece nada histérica. ¡Es estupenda!

Ahora los gatitos ya tienen varios días. Cuando crezcan mucho, no vamos a poder quedarnos con todos. Yo voy a escoger uno para nosotros. Blanca se va a llevar la gata porque quiere que también tenga gatitos. La tía Sita se lleva otro. Queda uno que todavía no tiene dueño.

Hasta que cada uno se lleve el suyo, no los vamos a bautizar. La gata es igualita que Lúa, pero las rayas son grises y marrones. Los otros tres son completamente marrones. ¡Son chulísimos! Se pasan el día mamando, y Lúa sólo se levanta para comer. Los lame mucho, eso también es hacerles caricias. Ellos maúllan bajito y se le suben por todas partes. Hasta se le suben por el cuello.

Mamá me deja que los coja si después me lavo las manos. Yo los cojo a todos. Primero uno, después otro... Lúa me deja. No se enfada ni nada porque yo le digo:

—¡Hola, Lúa! ¿Estás con tus bebés? ¿Sí? ¿Me los dejas un poquito?

Ella maúlla bajito, y eso quiere decir que sí, y entonces yo los cojo. Si no quisiera, soplaría. Pero no hace nada de eso.

Cuando se los vuelvo a poner allí otra vez, empiezan a gatear por la barriga de Lúa hasta que encuentran una teta, que tiene muchas. Y se quedan con la boca allí pegada durmiendo, como si la teta tuviera pegamento. Hay uno que va a ser boxeador. Si no encuentra la tetita, se pone a pegar a todos hasta que le queda sitio libre.

Para ser auténticos detectives, todavía tenemos que seguir yendo a la escuela y estudiar la tabla. Me lo ha dicho mamá. A mí la tabla me parece bastante difícil. Blanca dice que está chupado, que si te preguntan, tú dices el número que se te viene a la cabeza, y siempre aciertas. Por ejemplo: ¿dos por tres? Tú dices ¡seis! Y es así. O si te preguntan: ¿dos por siete? Tú dices ¡catorce! Y también vale.

A Blanca le valen todos los de la tabla. Tiene mucha chorra, que es suerte. A mí la profe me ha dicho que tengo que estudiar más. No sé. Sólo sé que ya no quiero ser jubilado ni nada de eso. La abuela es jubilada, pero muchas veces está triste. A lo mejor es por eso por lo que se pone loca y dice mentiras como la de los gatitos que hacían empanadas. Yo quiero ser detective. ¿A que mola?

TÍTULOS DE ESTA COLECCIÓN

El misterio de los hijos de Lúa
Un monstruo en el armario
Avenida del Parque, 17
Fray Perico, Calcetín y el guerrillero Martín
Las ballenas cautivas
El pirata Garrapata en la India
Escenarios fantásticos
Cucho
Un secuestro de película
El mensaje de los pájaros
¡Casi medio año!
Apareció en mi ventana
Chis y Garabís
Fantasmas de día
La vuelta al mundo de la hormiga Miga
Nano y Esmeralda
El ladrón de mentiras
Fray Perico y Monpetit
El niño que quería ser Tintín
¡Una de piratas!
Un pingüino en el desierto